CLEMENS DREYER

DREI

20 Zutaten, die du überall bekommst – je 3 kreative Rezepte, die du daraus kochen kannst

CLEMENS DREYER

DREI

20 Zutaten, die du überall bekommst – je 3 kreative Rezepte, die du daraus kochen kannst

INHALT

ALLER GUTEN DINGE ...

... sind *drei*: Dieses Kochbuch stellt jeweils drei meiner liebsten Rezepte vor – für insgesamt 20 gängige Grundzutaten, die es in jedem Supermarkt zu kaufen gibt. Dabei ermöglichen alle meine Rezepte vielfältige, neue Geschmackserlebnisse und passen dennoch wunderbar in die ganz normale Alltagsküche.
Es kommt ja in den besten Familien vor, dass man sich an den eigenen Gerichten satt gegessen hat und nach kreativen Möglichkeiten sucht, um den Speiseplan abwechslungsreicher zu gestalten. Mit diesem Buch will ich genau das weitergeben: Inspirationen und leicht nachzukochende Rezepte, die frischen Wind in die Küche bringen. Warum auch immer das Gleiche kochen, wenn schon kleine Veränderungen zu ganz neuen Geschmackserlebnissen führen!
Mit raffinierten Ideen, pfiffigen Zubereitungen und kreativen Aroma-Kicks können sich ganz normale Zutaten immer wieder in etwas Neues verwandeln. Dabei reicht die Palette dieses Buchs von mediterranen bis zu fernöstlichen Rezepten, von leichten Salaten zu herzhaften Suppen, von flotten Snacks zu gemütlich geschmorten Hauptgerichten und von deftigen Gerichten bis hin zu süßen Versuchungen.
Dabei gilt für mich: Gutes Essen beginnt immer bei guten Zutaten. Bei den »unsichtbaren Helden«, z. B. Olivenöl, Essig oder Milchprodukte, sollte Qualität an oberster Stelle stehen. Oft ist es auch besser, auf Bio-Qualität zu achten, wie beispielsweise bei Fleisch und Fisch. Meine Familie und ich essen lieber selten Fleisch – dann aber richtig gutes. Genauso wichtig ist es mir natürlich, dass das Ergebnis auf den Tellern so richtig lecker wird – und der Aufwand dabei überschaubar bleibt.

In diesem Sinne wünsche ich viel Freude beim Ausprobieren, Entdecken und vor allem beim Genießen!

LINSEN

Linsen gehören wohl zu den am meisten unterschätzten Zutaten. Ob es an der wenig wohlklingenden Kategorie »Hülsenfrüchte« liegt oder an passenden Rezepten fehlt? Meine drei Gerichte sind jedenfalls wie dazu geschaffen, um die Begeisterung für Linsen zu entfachen. Das erste ist mein »Signature Dish«, also meine ganz persönliche Lieblingskreation – und ein Grund dafür, warum dieses Buch überhaupt entstanden ist.

ORIENTALISCHER LINSENSALAT
BALSAMICO-LINSEN
LINSEN-GURKEN-SALAT

Orientalischer Linsensalat

Dieses Gericht ist für mich der beste Beweis dafür, wie lecker vegane Gerichte sein können. Und weil sich mein Lieblingssalat noch dazu ein paar Tage im Kühlschrank hält, ist die Menge gleich etwas größer gewählt. Wer den Salat auf eine Feier mitbringt, wird bestimmt nach dem Rezept gefragt. Dann gerne einen schönen Gruß von mir ausrichten – kein Witz!

Zutaten

(6)

2	Zwiebeln
4	Knoblauchzehen
50 g	Ingwer (ca. 5 cm Länge)
je 2 TL	Kreuzkümmel-, Koriander- und Fenchelsamen
300 g	Berglinsen
3	große Möhren
je 1	rote und gelbe Paprika
12	getrocknete Datteln (am besten Medjool)
2–3 EL	neutrales Öl
2 TL	edelsüßes Paprikapulver
700 g	stückige Tomaten (ersatzweise passiert, aus Dose oder Flasche)
3	Lorbeerblätter
	Salz
1 l	Gemüsebrühe
3 EL	Ahornsirup
je 5	Stängel Minze und Koriandergrün
	Pfeffer

Zubereitung 30 Min. • Garen 30 Min.

1. Die **Zwiebeln** und den **Knoblauch** schälen und fein würfeln. Den **Ingwer** ebenfalls schälen und fein hacken oder reiben. Die **Gewürzsamen** im Mörser fein zerstoßen.

2. Die **Linsen** in einem Sieb mit kaltem Wasser abbrausen und abtropfen lassen. Die **Möhren** schälen und fein raspeln. Die **Paprika** waschen, halbieren, von weißen Trennwänden und Kernen befreien und klein schneiden. **Datteln** entsteinen und ebenfalls klein schneiden.

3. Das **Öl** in einem Topf erhitzen. Die Zwiebeln, den Knoblauch und den Ingwer hineingeben und bei mittlerer Hitze in 1–2 Min. glasig dünsten. Die zerstoßenen Gewürze mit dem **Paprikapulver** einrühren, dann Möhren, Paprika, Datteln, Linsen, **Tomaten, Lorbeerblätter, ½ TL Salz** und die **Gemüsebrühe** dazugeben. Alles einmal aufkochen lassen.

4. Die Hitze etwas reduzieren und die Linsen-Gemüsemischung 25–30 Min. köcheln lassen, bis die Linsen gar sind. Zwischendurch immer wieder umrühren und den **Ahornsirup** hinzufügen. Dann vom Herd nehmen und abkühlen lassen.

5. **Minze** und **Koriandergrün** waschen und trocken schütteln, die Blätter abzupfen und grob hacken. Den Linsensalat in eine Schüssel geben, mit Salz und **Pfeffer** abschmecken. Mit den Kräutern bestreut servieren.

Mein Tipp

Bei roten Linsen darauf achten, dass sie während des Garens nicht weich und matschig werden. Belugalinsen bleiben dagegen bissfest – auch nach einer etwas längeren Kochzeit.

Balsamico-Linsen

Die süßsauren Balsamico-Linsen mag ich am liebsten im Winter. Sie wärmen so schön, auch nach einem langen Winterspaziergang. Dazu braucht es gar nicht viele Zutaten – wichtig ist aber ein feiner, hochwertiger Balsamessig.

Zutaten

(4)

300 g	Berglinsen
3	große Möhren
2	Zwiebeln
4 EL	Sonnenblumenöl
1 l	Gemüsebrühe
100 ml	Aceto balsamico
2 EL	Zucker
1	Bund Schnittlauch
	Salz | Pfeffer

Zubereitung 45 Min.

1. Die **Linsen** in einem Sieb mit kaltem Wasser abbrausen und abtropfen lassen. Die **Möhren** schälen und klein würfeln. Die **Zwiebeln** ebenfalls schälen und fein hacken. Das **Öl** in einem Topf erhitzen und die Zwiebeln und Möhren darin andünsten. Die Berglinsen dazugeben und kurz mitdünsten.

2. Die **Gemüsebrühe** dazugießen. Alles einmal aufkochen und bei schwacher Hitze ca. 25 Min. zugedeckt köcheln lassen.

3. Inzwischen den **Aceto balsamico** mit dem **Zucker** in einem kleinen Topf aufkochen und etwas einkochen lassen, sodass er dickflüssig wird. Vom Herd nehmen und beiseitestellen.

4. Den **Schnittlauch** waschen, trocken schütteln und in Röllchen schneiden. Die Linsenmischung mit dem Balsamico-Sirup, **Salz** und **Pfeffer** abschmecken. Den Schnittlauch untermischen und gleich servieren.

UND DAZU?

Als kleines Extra einfach Wiener Würstchen in Scheiben schneiden und mit dem Schnittlauch untermischen. Alternativ Räuchertofu klein würfeln und knusprig anbraten.

Linsen-Gurken-Salat

Obwohl dieser Salat eher eine schnelle Nummer ist, gehört er zu den Lieblingsgerichten meiner Familie. Die Kombination von Belugalinsen, Gurke und Sonnenblumenkernen lässt sich ganz wunderbar mit Quittenkonfitüre toppen. Aber bei Bedarf finden sich bestimmt auch noch andere fruchtige Süßungsmittel.

Zutaten

4 Personen

250 g	Belugalinsen
1	große Salatgurke
3 EL	Quittenkonfitüre oder -gelee
3 EL	Olivenöl
3 EL	Aceto balsamico bianco (ersatzweise Weißweinessig)
	Salz | Pfeffer
1–2	Stängel Minze (nach Belieben)
5 EL	Sonnenblumenkerne

Zubereitung 35 Min.

1. Die **Linsen** in einem Sieb mit kaltem Wasser abbrausen. Mit 500 ml Wasser in einen Topf geben, aufkochen lassen und bei mittlerer Hitze ca. 25 Min. zugedeckt kochen.

2. Inzwischen die **Gurke** schälen, längs halbieren und die Kerne mit einem Teelöffel herauskratzen. Die Gurkenhälften in kleine Würfel schneiden.

3. Für das Dressing **Quittenkonfitüre** oder **-gelee, Öl** und **Balsamessig** vermischen. Mit etwas **Salz** und **Pfeffer** abschmecken.

4. Die **Minze** waschen und trocken schütteln, die Blättchen abzupfen und klein schneiden. Die **Sonnenblumenkerne** in einer kleinen Pfanne ohne Fett hellbraun anrösten, dann vom Herd nehmen und beiseitestellen.

5. Die gegarten Linsen in einem feinen Sieb abtropfen lassen. Mit den Gurkenstücken, dem Dressing und der Minze in einer Schüssel vermengen. Die Sonnenblumenkerne auf dem Salat verteilen.

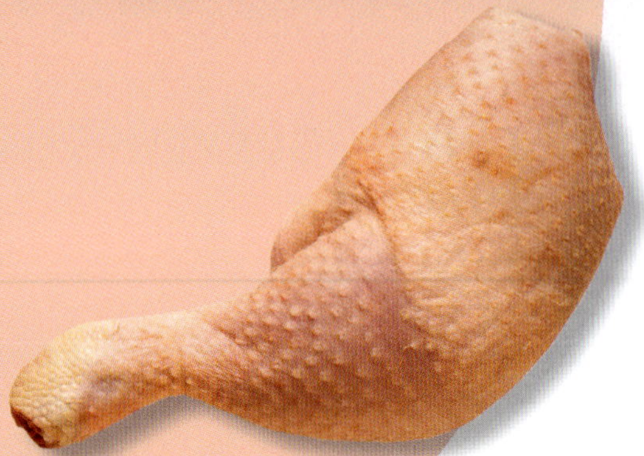

HÄHNCHEN

Stolze Gockel, lachende oder blinde Hühner – irgendwie kommt das liebe Federvieh in unseren Redensarten immer ziemlich schlecht weg. Deshalb lassen wir das Hähnchen in den folgenden Rezepten mal so richtig hochleben, ob mit Weißwein, Safran oder Chili.

HÄHNCHEN IN WEISS MIT KRÄUTERN UND OLIVEN
PERSISCHES SAFRAN-BERBERITZEN-HÄHNCHEN
TEUFELSHÄHNCHEN

Hähnchen in Weiss mit Kräutern und Oliven

Ein Geschmack aus meiner Kindheit, den ich vor Kurzem in Rom unter dem Namen »pollo alla cacciatore« wiederentdeckt habe. Unter »Jägerart« stelle ich mir allerdings etwas anderes vor. Vermutlich gibt es für dieses Gericht keine passende deutsche Übersetzung – aber das sensationelle Ergebnis lässt einen den Namen sowieso vergessen.

Zutaten

4 Portionen

1 kg	Hähnchenschenkel (4–6 Stück)
4	Knoblauchzehen
4 EL	Olivenöl
80 ml	Aceto balsamico bianco (ersatzweise Weißweinessig)
200 ml	Weißwein
2	Zweige Rosmarin
10	Blätter Salbei
2	Lorbeerblätter
20	Taggiasca-Oliven (in Öl und entsteint, ersatzweise andere grüne Oliven)
	Salz

Zubereitung 20 Min. • Garen 35 Min.

1. Die **Hähnchenschenkel** mit Küchenpapier trocken tupfen. Die **Knoblauchzehen** schälen. Das **Öl** in einer großen Pfanne erhitzen und den Knoblauch darin glasig dünsten. Dann die Hähnchenschenkel dazugeben und bei starker Hitze 6–8 Min. von allen Seiten gleichmäßig anbraten.

2. Inzwischen den **Balsamessig** und den **Weißwein** vermischen. Die Hähnchenschenkel damit ablöschen, aufkochen lassen und die Flüssigkeit vollständig verdampfen lassen.

3. **Rosmarin** und **Salbei** waschen, trocken schütteln bzw. tupfen und mit den **Lorbeerblättern** zum Hähnchen in die Pfanne geben. Die **Oliven** etwas abtropfen lassen und ebenfalls zugeben.

4. Alles mit ca. 200 ml Wasser aufgießen. Mit **Salz** abschmecken und 30–35 Min. kochen. Dabei zunächst offen kochen, bis die Flüssigkeit eingedickt ist und gegen Garzeitende den Deckel auflegen. Knoblauch entnehmen. Das Hähnchen gleich servieren.

UND DAZU?

Zum Hähnchen passen Polenta, Bratkartoffeln, Salat oder der Spinat mit Rosinen und Pinienkernen (Seite 26).

Persisches Safran-Berberitzen-Hähnchen

Dieses Gericht bedarf eigentlich keiner weiteren Erklärung, denn die Zutatenliste spricht für sich: Safran, Kurkuma, Zimt und Berberitze geben hier den Ton an und entführen uns in die orientalische Welt. Etwas aufwendiger, aber ganz ausgezeichnet.

4 Zutaten

1 kg	Hähnchenschenkel (4–6 Stück)
	Salz | Pfeffer
50 g	getrocknete Berberitzen (aus dem Bio- oder Orientladen)
1 Pck.	Safranfäden (0,1 g)
1 TL	Zucker
2	Zwiebeln
5 EL	Olivenöl
1 EL	Tomatenmark
je ½ TL	Zimtpulver und gemahlene Kurkuma
2	Lorbeerblätter
300 ml	Hühnerbrühe
2 EL	Zitronensaft (am besten frisch gepresst)
350 g	Basmatireis
40 g	Butter

Zubereitung 35 Min. • Garen 1 Std. 10 Min.

1. Die **Hähnchenschenkel** nach Belieben enthäuten, mit Küchenpapier trocken tupfen, **salzen** und **pfeffern**. Die **Berberitzen** in lauwarmem Wasser einweichen. **Safran** und **Zucker** im Mörser fein zerstößeln und mit etwas heißem Wasser verrühren.

2. Die **Zwiebeln** schälen und fein hacken. 3 EL **Öl** in einem Bräter erhitzen und die Zwiebeln darin goldbraun braten. Hähnchenschenkel zugeben und rundum anbraten. **Tomatenmark, Zimt, Kurkuma** und **Lorbeerblätter** ca. 2 Min. mitdünsten. Mit **Brühe** und **Zitronensaft** ablöschen. Bei schwacher Hitze zugedeckt ca. 1 Std. 10 Min. garen, dabei mehrmals wenden.

3. Inzwischen den **Reis** in einem Sieb kalt abbrausen, bis das ablaufende Wasser klar bleibt. Mit kaltem Wasser bedecken und ca. 30 Min. einweichen. Abtropfen lassen und in 2–3 l kochendem Salzwasser 4–5 Min. garen, sodass der Reis weich, aber noch nicht ganz durch ist. Abgießen und lauwarm abbrausen.

4. Kurz bevor das Hähnchen gar ist, ein Drittel Safranwasser und die abgetropften Berberitzen dazugeben. Salzen und pfeffern.

5. In einem Topf **1 EL Butter**, das übrige **Öl** (2 EL) und ein weiteres Drittel Safranwasser erhitzen. Reis locker einfüllen. Mit einem Kochlöffelstiel vier Löcher bis fast auf den Topfboden hineinbohren und diese mit je 1 Butterflocke füllen. Restliches Safranwasser darüberträufeln. Zugedeckt bei schwacher bis mittlerer Hitze ca. 30 Min. zugedeckt garen (Topfdeckel dabei nicht abnehmen).

6. Den Topf kurz unter kaltem Wasser abschrecken und den Reis auf einen Teller stürzen. Den Reis mit dem Hähnchen servieren.

TEUFELSHÄHNCHEN

Man muss ja nicht gleich einen Pakt mit dem Teufel eingehen, um dieses würzig-pikante Hähnchen genießen zu können. Etwas Chili, Salbei und Zitrone reichen vollkommen aus – und können eine willkommene Abwechslung sein.

④

ZUTATEN

- 15 Salbeiblätter
- 4 getrocknete Chilischoten
- 2 Bio-Zitronen
- 150 ml Olivenöl
- Salz | Pfeffer
- 1 kg Hähnchenschenkel (4–6 Stück)

Außerdem:
Zitronenscheiben zum Garnieren

ZUBEREITUNG 30 MIN. • MARINIEREN 2 STD. • SCHMOREN 45 MIN.

1. Die **Salbeiblätter** waschen, trocken tupfen und in feine Streifen schneiden. Die **Chilischoten** waschen, längs aufschneiden, von Kernen und weißen Trennwänden befreien, dann klein hacken (Vorsicht, anschließend Hände waschen).

2. Die **Zitronen** heiß waschen und trocken tupfen. Von 1 Zitrone mit einem Zestenreißer oder Sparschäler dünne Schalenstreifen abziehen.

3. Für die Marinade beide Zitronen auspressen und den Saft mit den Zitronenzesten, 100 ml **Olivenöl, Salz, Pfeffer,** dem Salbei und den Chilis verquirlen.

4. Die **Hähnchenschenkel** trocken tupfen und in einer Schüssel mit der Marinade übergießen. Die Schenkel in der Marinade wenden und damit einreiben. Mindestens 2 Std. im Kühlschrank zugedeckt durchziehen lassen.

5. Die Marinade von den Hähnchenschenkeln abstreifen und beiseitestellen. Das restliche **Öl** (50 ml) in einer Pfanne erhitzen und die Hähnchenschenkel darin ca. 15 Min. unter häufigem Wenden braun braten. Die Marinade dazugeben und das Fleisch bei schwacher Hitze weitere 45 Min. zugedeckt schmoren, bis es gar ist. Mit den **Zitronenscheiben** servieren.

SPINAT

Es muss nicht immer der mit dem Blubb sein: Frischer Spinat ist so vielseitig in der Zubereitung! Oft entsteht ja beim Einkaufen auch Unsicherheit, wie viel man wohl gerade davon braucht. Dann lautet meine Grundregel: Ich nehme lieber zu viel als zu wenig davon mit nach Hause, weil Spinat beim Erhitzen so stark in sich zusammenfällt.

SPINAT MIT ROSINEN UND PINIENKERNEN
KOREANISCHER SPINATSALAT
JAPANISCHER ERDNUSS-SPINAT MIT QUINOA

Spinat mit Rosinen und Pinienkernen

Ein Klassiker aus der italienischen Küche: Hier präsentiert sich der Spinat mit fruchtigen, nussigen, scharfen und leicht süßlichen Aromen. Schmeckt kalt und warm, passt immer – als Antipasto oder auch als Beilage.

4 Zutaten

100 ml	Apfelsaft (ersatzweise Wasser)
100 g	Rosinen
1 kg	Blattspinat
5 EL	Olivenöl
3	Knoblauchzehen
	Salz | Pfeffer
	frisch geriebene Muskatnuss
2 EL	Pinienkerne

Außerdem:

4 EL	Zitronen-Olivenöl zum Beträufeln (nach Belieben)

Zubereitung 25 Min.

1. Den **Apfelsaft** lauwarm erhitzen und die **Rosinen** ca. 15 Min. darin einweichen. Inzwischen den **Blattspinat** verlesen, waschen, in einem Sieb gut abtropfen lassen und etwas auspressen.

2. In einem großen Topf das **Olivenöl** erhitzen. Den **Knoblauch** schälen, halbieren und bei schwacher Hitze unter Rühren im Öl anbraten. Aus dem Topf nehmen und beiseitelegen.

3. Den Spinat in den Topf geben, erhitzen und zusammenfallen lassen. Die Rosinen abtropfen lassen und untermischen. Bei schwacher Hitze unter häufigem Rühren sanft garen.

4. Den Spinat mit **Salz, Pfeffer** und **Muskatnuss** abschmecken. Die **Pinienkerne** in einer Pfanne ohne Fett hellbraun rösten und nach Geschmack mit dem gebratenen Knoblauch über den Spinat geben. Nach Belieben mit dem **Zitronen-Olivenöl** beträufeln.

Meine Tipps

Im Notfall den frischen Spinat durch TK-Spinat ersetzen – dann verpasst man aber den fast magischen Moment, in dem der viele Spinat zu einer kleinen Portion zusammenfällt. Als Beilage passt dieser Spinat gut zum Hähnchen in Weiß (Seite 18) oder zum Teufelshähnchen (Seite 22).

Koreanischer Spinatsalat

Auch wenn die koreanische Küche bei uns vor allem für ihr Kimchi bekannt ist, bedeutet das keinesfalls, dass man dort keinen Spinat zubereiten kann. Als Spinatsalat ist das Gemüse eine wahre Gaumenfreude und muss auch nicht drei Wochen fermentiert werden.

Zutaten

(4 Portionen)

1 kg	Blattspinat
4	Knoblauchzehen
4	Frühlingszwiebeln
10 TL	heller Sesam (ca. 80 g)
6 TL	Sojasauce
1 TL	Zucker
6 TL	Sesamöl
6 TL	Gochujang (koreanische Chilipaste, ersatzweise eine andere Chilipaste, nach Belieben)

Außerdem:
Chilifäden zum Garnieren (nach Belieben)

Zubereitung 25 Min.

1. In einem großen Topf reichlich Wasser zum Kochen bringen. Inzwischen den **Spinat** verlesen, waschen und abtropfen lassen. Sobald das Wasser kocht, den Spinat darin je nach Größe der Blätter 30–60 Sek. blanchieren und dabei vorsichtig umrühren.

2. Den Spinat in ein Sieb abgießen und zu einer Kugel formen, dabei das überschüssige Wasser herausdrücken. Den Spinat grob zerschneiden.

3. Den **Knoblauch** schälen und fein hacken. Die **Frühlingszwiebeln** waschen und putzen, weiße und grüne Teile in feine Ringe schneiden. Den **Sesam** in einer kleinen Pfanne ohne Fett kurz anrösten, bis er zu duften beginnt.

4. Den Spinat mit dem Knoblauch, den Frühlingszwiebeln, dem Sesam sowie **Sojasauce, Zucker** und **Sesamöl** in einer Schüssel vermengen. Nach Belieben **Gochujang** untermischen.

5. Den Spinatsalat in kleinen Schüsseln oder auf Tellern anrichten und nach Belieben mit **Chilifäden** garnieren. Passt gut zu Reis.

Japanischer Erdnuss-Spinat mit Quinoa

Frischer Spinat, nahrhafte Quinoa und der volle Röstgeschmack von Erdnüssen – das ergibt diese harmonische Asia-Melange. Das Kochen der Quinoa im cremigen Cashew-Drink, die Umami-Note der Misopaste und die frische Schärfe des Ingwers verleihen diesem Spinatgericht eine einzigartige Geschmackstiefe. Als leichte Zwischenmahlzeit oder Lunch to go.

4 Zutaten

200 g	Quinoa
400 ml	Cashew-Drink
500 g	Blattspinat
3	Knoblauchzehen
10 g	Ingwer (1–2 cm Länge)
100 g	Erdnusskerne
2 EL	gerösteter heller Sesam
3 EL	Sesamöl
4 EL	dunkle Misopaste
4 EL	Sojasauce

Zubereitung 45 Min.

1. Die **Quinoa** in einem feinen Sieb gründlich mit kaltem Wasser abbrausen und abtropfen lassen.

2. Den **Cashew-Drink** in einen Topf geben, die Quinoa hinzufügen und langsam zum Kochen bringen. Die Hitze reduzieren und die Quinoa 15–20 Min. zugedeckt köcheln, bis sie weich ist und die Flüssigkeit aufgenommen hat.

3. Inzwischen den **Spinat** verlesen, waschen, abtropfen lassen und klein hacken. Den **Knoblauch** schälen und klein hacken. Den **Ingwer** schälen und fein reiben. Die **Erdnüsse** grob hacken und in einer kleinen Pfanne ohne Fett anrösten, dann herausnehmen. Den **Sesam** ebenfalls in der Pfanne ohne Fett rösten.

4. In einer großen Pfanne das **Sesamöl** bei mittlerer Hitze erhitzen. Knoblauch und Ingwer ca. 1 Min. darin andünsten. Die **Misopaste** und die **Sojasauce** dazugeben und gut verrühren, bis sich die Misopaste aufgelöst hat. Die Sauce bei Bedarf mit etwas heißem Wasser verdünnen.

5. Den Spinat dazugeben (je nach Größe der Pfanne in zwei Portionen) und bei mittlerer Hitze 6–7 Min. garen, bis er zusammengefallen ist. Die Quinoa hinzufügen und gut untermischen.

6. Die Spinat-Quinoa-Mischung auf Teller verteilen und mit den Erdnüssen und dem Sesam garnieren.

AUBERGINEN

Einige Köche behaupten, dass Auberginen wenig Eigengeschmack hätten und vor allem den Geschmacksträger Öl aufsaugen. Ich finde das Aroma von Auberginen ganz wunderbar – in Kombination mit Ricotta Salata, Rosinen oder Reisessig schmecken sie mir am allerbesten. Das Öl kann man ja auch etwas sparsamer dosieren.

PASTA ALLA NORMA
CAPONATA
GESCHMORTE AUBERGINEN MIT SCHWEINEFLEISCH UND CHILISAUCE

AUBERGINEN

Pasta alla Norma

Um den sonnenverwöhnten Auberginen zu huldigen, haben die Sizilianer dieses leckere Pastagericht erfunden und entweder nach einer Bellini-Oper benannt oder zu einer echten »Norm« deklariert – eigentlich kein Wunder.

4 Zutaten

2	Auberginen
	Salz
200 g	Ricotta Salata (ersatzweise Pecorino oder Parmesan)
1	Knoblauchzehe
3 EL	Olivenöl
1	Flasche passierte Tomaten (ca. 700 ml)
1	Prise Zucker
	Pfeffer
1	Handvoll Basilikumblätter
500 g	Pasta (z. B. Makkaroni oder Penne)

Außerdem:
Sonnenblumenöl zum Frittieren

Zubereitung 30 Min. • Ruhen 1 Std.

1. Die **Auberginen** waschen und die Enden abschneiden. Die Auberginen in ca. 1 cm große Würfel schneiden. Mit etwas **Salz** bestreuen und in einem Sieb ca. 1 Std. ruhen lassen. Inzwischen den **Ricotta Salata** mit einem Sparschäler in Späne hobeln.

2. Die Auberginenwürfel gründlich kalt abbrausen und trocken tupfen. Einen Topf ca. 1 cm hoch mit **Sonnenblumenöl** füllen und erhitzen (das Öl ist heiß genug, wenn an einem hineingehaltenen Holzlöffelstiel Bläschen aufsteigen). Die Auberginenwürfel darin goldbraun frittieren. Herausnehmen, auf Küchenpapier abtropfen lassen und beiseitestellen.

3. Den **Knoblauch** schälen und klein würfeln. Das **Olivenöl** in einer hohen Pfanne erhitzen und den Knoblauch darin glasig dünsten. Die **Tomaten** und den **Zucker** dazugeben, mit Salz und **Pfeffer** würzen. **Basilikum** waschen, trocken schütteln, die Blättchen abzupfen und hinzufügen. Alles bei mittlerer Hitze ca. 15 Min. zugedeckt köcheln lassen, dabei ab und zu umrühren. Die Auberginenwürfel dazugeben.

4. Während die Sauce köchelt, die **Pasta** in reichlich kochendem Salzwasser nach Packungsanweisung al dente kochen. Dann in ein Sieb abgießen und mit der Sauce vermischen. Auf Tellern anrichten, mit Ricotta bestreuen und gleich servieren.

MEIN TIPP

Durch das Salzen und eine anschließende Ruhezeit verlieren die Auberginenwürfel Wasser, nehmen weniger Fett auf und werden beim Frittieren knuspriger.

Caponata

Auf Sizilien in Palermo entdeckt, ließ mich dieses Auberginengemüse gar nicht mehr los. Die Mischung aus süß, salzig und sauer macht aus einem einfachen Gemüsegericht ein wirkliches Erlebnis. Leider findet sich die Caponata in unseren Breitengraden viel zu selten auf italienischen Speisekarten – deshalb muss man sie selber kochen.

(4) Zutaten

2 EL	Kapern (in Salz eingelegt)
3 EL	Rosinen
4 EL	Weißweinessig
50 ml	Weißwein
1 EL	Honig
4 EL	Pinienkerne
2	Auberginen (ca. 600 g)
1	große Zwiebel
3	Stangen Staudensellerie
1	rote Paprika
ca. 100 ml	Olivenöl
1	Dose geschälte Tomaten (400 g)
50 g	Taggiasca-Oliven (in Öl und entsteint, ersatzweise andere grüne Oliven)
1 TL	Zucker
	Salz | Pfeffer
1	Bund Basilikum

Zubereitung 20 Min. • Garen 40 Min.

1. Die **Kapern** in einem Sieb kurz abbrausen, sodass das Salz grob entfernt wird. Die **Rosinen** mit 2 EL **Weißweinessig, Weißwein** und **Honig** kurz aufkochen, beiseitestellen und bis zur Weiterverwendung ziehen lassen.

2. Die **Pinienkerne** in einer großen Pfanne ohne Fett bei mittlerer Hitze hellbraun rösten (Vorsicht, das geht sehr schnell). Aus der Pfanne nehmen und beiseitestellen. Die Pfanne nicht säubern.

3. Die **Auberginen** waschen und die Enden abschneiden. Die Auberginen in kleine Würfel schneiden. Die **Zwiebel** schälen und klein würfeln. Den **Sellerie** waschen, putzen, gegebenenfalls entfädeln und in dünne Scheiben schneiden. **Paprika** waschen, halbieren, von weißen Trennwänden und Kernen befreien und in dünne Stücke schneiden.

4. Die Pfanne wieder erhitzen, das **Olivenöl** hineingeben und die Auberginenwürfel ca. 10 Min. darin dünsten, bis sie fast gar sind, aber noch nicht zerfallen. Zwiebel, Sellerie und Paprika dazugeben und alles ca. 15 Min. weiterdünsten.

5. Die geschälten **Tomaten** mit einem Messer grob zerkleinern und mit **Oliven**, Kapern und der Rosinenmischung dazugeben. Die Caponata mit dem restlichen **Essig** (2 EL), **Zucker**, **Salz** und **Pfeffer** abschmecken und bei schwacher Hitze in ca. 15 Min. einkochen lassen, bis die Konsistenz sämig ist.

6. Das **Basilikum** waschen, trocken schütteln und die Blättchen abzupfen. Die Caponata nochmals abschmecken. Mit Pinienkernen und Basilikum bestreuen und am besten lauwarm servieren.

AUBERGINEN

Geschmorte Auberginen mit Schweinefleisch und Chili

Dieses Originalrezept habe ich vor vielen Jahren in einem Kochkurs im chinesischen Guilin kennengelernt. Gekocht wurde im Wok in einer Freiluftküche, mit Blick auf imposante Karstfelsen – unvergesslich und fast so schön wie zu Hause.

Zutaten (4 Personen)

500 g	Auberginen
6	Knoblauchzehen
3	kleine getrocknete rote Chilischoten
½	Bund Koriandergrün
5 EL	chinesischer Reiswein (Shaoxing, ersatzweise Weißweinessig)
1 EL	schwarzer Reisessig (ersatzweise Aceto balsamico)
3 EL	Sojasauce
1 EL	Zucker
	Pfeffer
3 EL	neutrales Pflanzenöl
300 g	Schweinehackfleisch
	Salz

Zubereitung 30 Min.

1. Die **Auberginen** waschen und die Enden abschneiden. Die Auberginen zuerst quer in ca. 4 cm dicke Scheiben, dann in ca. 1 cm breite und ca. 4 cm lange Streifen schneiden.

2. Den **Knoblauch** schälen und klein würfeln. Die **Chilischoten** quer in feine Scheibchen schneiden (Vorsicht, gleich Hände waschen). Das **Koriandergrün** waschen und trocken schütteln, die Blättchen abzupfen und fein schneiden.

3. Reiswein, Reisessig, Sojasauce, Zucker und ¼ TL gemahlenen **Pfeffer** in eine kleinen Schüssel geben. 200 ml Wasser dazugießen und alles gut verrühren.

4. Eine große Pfanne stark erhitzen, 2 EL **Öl** hineingeben und darin verteilen. Das **Schweinehackfleisch** zugeben und unter Rühren 3–5 Min. braten, bis es krümelig und leicht gebräunt ist.

5. Die Hitze auf mittlere Stufe reduzieren, das restliche **Öl** (1 EL), den Knoblauch, die Chilis und die Auberginen hinzufügen und unter Rühren 2–3 Min. mitbraten.

6. Die Reiswein-Würzmischung dazugießen und zum Kochen bringen. Dann die Hitze reduzieren und alles unter gelegentlichem Rühren 7–9 Min. zugedeckt köcheln lassen, bis die Auberginen weich sind. Mit **Salz** und Pfeffer abschmecken und mit dem Koriander bestreut servieren. Dazu passt Basmatireis.

ROTE BETE

Dass Rote Bete nicht nur lecker, sondern auch noch äußerst gesund ist, hat sich ja schon weit herumgesprochen. Zudem ist sie wahnsinnig intelligent, denn sie merkt sofort, wenn man ein weißes Hemd anhat. Deshalb ist bei der Zubereitung etwas Vorsicht geboten, egal ob man die vorgegarten oder die frischen Rüben vom Acker verwendet.

ROTE-BETE-CARPACCIO MIT APFEL UND MEERRETTICH
ROTE-BETE-RISOTTO
KALTE ROTE-BETE-SUPPE AUS DEM BALTIKUM

Rote-Bete-Carpaccio mit Apfel und Meerrettich

Diese schnell zubereitete Vorspeise beweist, wie gut Rote Bete zu scharfen und fruchtigen Aromen passt – besonders gern in Form von Meerrettich, Kresse und Äpfeln.

4 Zutaten

2	säuerliche Äpfel
500 g	Rote Bete (vakuumverpackt)
1	Zitrone
3 EL	Olivenöl
1	Stück Meerrettichwurzel (ca. 4 cm lang)
1	Kästchen Kresse
	Salz | Pfeffer

Zubereitung 15 Min.

1. Die **Äpfel** waschen, trocken tupfen und vierteln. Die Kerngehäuse herausschneiden und die Äpfel in dünne Scheibchen schneiden oder hobeln. Die **Rote Bete** ebenfalls in dünne Scheiben schneiden oder hobeln (dabei am besten mit Haushaltshandschuhen arbeiten). Die **Zitrone** auspressen.

2. Die Apfel- und Bete-Scheiben abwechselnd dachziegelartig auf vier Tellern auslegen und mit dem Zitronensaft und dem **Olivenöl** beträufeln.

3. Die **Meerrettichwurzel** schälen und grob auf das Carpaccio reiben. Die **Kresse** kalt abbrausen, trocken tupfen, mit einer Schere vom Beet schneiden und auf dem Carpaccio verteilen. Mit **Salz** und **Pfeffer** würzen.

Rote-Bete-Risotto

Auch wenn der Kühlschrank leer ist, lässt sich noch ein Risotto zaubern, denn so ein paar haltbare Zutaten wie Parmesan und vakuumierte Rote Bete hat man oft zu Hause. Mit etwas Rosmarin vom Balkon und einem Glas Weißwein mein All-Time-Favorite.

4 Zutaten

500 g	Rote Bete (vakuumverpackt)
2	Zweige Rosmarin
4	Schalotten
2	Knoblauchzehen
8 EL	Olivenöl
500 g	Risottoreis (z. B. Arborio)
200 ml	Weißwein
1 l	heiße Gemüsebrühe
100 g	Parmesan
100 g	Butter
	Salz | Pfeffer

Zubereitung 35 Min.

1. Die **Rote Bete** 1–2 cm groß würfeln. Den **Rosmarin** waschen und trocken schütteln. Die **Schalotten** und den **Knoblauch** schälen und fein hacken. Das **Olivenöl** in einem Topf erhitzen und die Schalotten darin in ca. 2 Min. farblos andünsten.

2. Den **Reis** dazugeben und in weiteren 2 Min. farblos anschwitzen. Rote Bete und Knoblauch zugeben und ca. 2 Min. anbraten. Rosmarin zugeben, alles mit dem **Wein** ablöschen und die Flüssigkeit offen einkochen lassen.

3. Eine Schöpfkelle heiße **Gemüsebrühe** dazugießen und einkochen lassen, bis die Brühe verdampft ist, dabei immer wieder umrühren. So fortfahren, bis die Brühe verbraucht und eingekocht und der Reis bissfest ist. Den Herd ausschalten und den Rosmarin entfernen. Den **Parmesan** reiben, mit der **Butter** unterrühren und schmelzen lassen. Das Rote-Bete-Risotto mit **Salz** und **Pfeffer** abschmecken.

ROTE BETE

KALTE ROTE-BETE-SUPPE AUS DEM BALTIKUM

Es muss ja nicht immer der klassische Gazpacho sein – auch diese kalte, leicht säuerliche Suppe ist ideal für heiße Sommertage. In Kombination mit Buttermilch erhält sie eine wunderbare rosa Farbe, wie man sie nicht alle Tage zu sehen bekommt.

④ ZUTATEN

600 g	Rote Bete
750 ml	Gemüsebrühe
	Salz
4	Eier
250 g	Gewürzgurken (aus dem Glas)
4	Frühlingszwiebeln
1	Bund Dill
1 l	Buttermilch
	Pfeffer
1 EL	Weißweinessig (nach Belieben)
4	Radieschen

ZUBEREITUNG 30 MIN. • GAREN 20 MIN.

1. Die **Rote Bete** schälen und in feine Würfel schneiden (dabei am besten mit Haushaltshandschuhen arbeiten). Die Rote-Bete-Würfel in einem Topf mit der **Gemüsebrühe** und etwas **Salz** aufkochen und bei schwacher Hitze in ca. 20 Min. weich kochen. Vom Herd nehmen und in der Brühe vollständig abkühlen lassen.

2. Inzwischen die **Eier** in einem zweiten Topf mit kochendem Wasser in ca. 8 Min. hart kochen, dann kalt abschrecken und beiseitelegen. Die **Gewürzgurken** in kleine Würfel schneiden. Die **Frühlingszwiebeln** waschen, putzen und in feine Ringe schneiden. **Dill** waschen, trocken schütteln und ohne die harten Stiele grob hacken, dabei ein paar Spitzen zum Garnieren beiseitelegen.

3. Gewürzgurken, Frühlingszwiebeln und Dill zur abgekühlten Roten Bete in die Brühe geben und die **Buttermilch** unterrühren. Die Suppe mit Salz, **Pfeffer** und nach Belieben mit **Essig** abschmecken und bis zum Servieren kalt stellen.

4. Vor dem Servieren die Suppe nochmals abschmecken. Die Eier pellen und halbieren. Die **Radieschen** waschen, putzen und in dünne Scheiben schneiden. Die Rote-Bete-Suppe auf Teller oder Schalen verteilen. Mit den Eiern, den Radieschen und den übrigen Dillspitzen garnieren.

Und dazu?

Gleichzeitig gegarte, noch heiße Pellkartoffeln ergeben einen feinen und stimmigen Kontrast zu dieser kalten Suppe.

LACHS-FORELLE

Für unsere Kinder gibt es zwei Kategorien von Fisch: mit oder ohne Augen. Der erste ist ein ganzer Fisch, der zweite ein Filet. Sie essen beides gerne, wenn sie gut zubereitet sind. Wir Erwachsenen kategorisieren natürlich anders. Ich persönlich überlege mir oft zuerst, wie ich den Fisch einkleiden will: Salzmantel, Kartoffelkruste oder Pergamentpapier sind dabei zeitlose Klassiker, die fast jede/jeden »Fish-ionista« begeistern.

LACHSFORELLE MIT KARTOFFELSCHUPPEN
LACHSFORELLE IN SALZKRUSTE
TOMATEN-ORANGEN-FORELLE IN PERGAMENT

LACHSFORELLE

LACHSFORELLE MIT KARTOFFELSCHUPPEN

Dieses Rezept aus Apulien ist megalecker, obwohl es so puristisch ist. Die Kombi von Fisch und Kartoffeln könnte man auch glatt als italienisch-deutsches Freundschaftsgericht durchgehen lassen. Ideal dafür sind eher kleine oder mittelgroße Kartoffeln, um den Eindruck des schön geschuppten Fischs mit den Kartoffelscheiben zu untermalen.

④ ZUTATEN

1	küchenfertige Lachsforelle (ca. 1 kg, an Festtagen Dorade)
3	Knoblauchzehen
1	Bund glatte Petersilie
60 g	Pecorino
6 EL	Olivenöl
600 g	festkochende Kartoffeln
1	Bio-Zitrone
	Salz | Pfeffer

ZUBEREITUNG 30 MIN. • GAREN 40 MIN.

1. Die **Lachsforelle** unter fließendem Wasser waschen, dann trocken tupfen. Den **Knoblauch** schälen und klein würfeln. Die **Petersilie** waschen und trocken schütteln, die Blättchen abzupfen und fein hacken. Den **Pecorino** reiben.

2. Den Backofen auf 200° vorheizen. Eine ofenfeste Form mit 4 EL **Öl** fetten. Die **Kartoffeln** schälen, kurz abbrausen und in 1–2 mm dünne Scheiben schneiden oder hobeln. Die Hälfte davon schuppenförmig in der Form verteilen und jeweils die Hälfte Knoblauch, Petersilie und Pecorino darüberstreuen. Die **Zitrone** heiß waschen, trocken tupfen und einige Schalenstreifen mit einem Sparschäler abschälen oder mit einem Zestenreißer abziehen. Die Streifen ebenfalls in der Form verteilen.

3. Die Lachsforelle darauflegen und schuppenförmig mit den restlichen Kartoffelscheiben bedecken. Den restlichen Knoblauch und Pecorino sowie das restliche **Öl** (2 EL) darübergeben. Mit **Salz** und **Pfeffer** würzen. Die Lachsforelle im heißen Ofen (Mitte) ca. 40 Min. garen, bis die Kartoffeln weich sind. Herausnehmen, mit der restlichen Petersilie bestreuen und gleich servieren.

Lachsforelle in Salzkruste

Keine Sorge wegen der großzügigen Menge Salz – der Fisch wird davon nicht versalzen. Der Salzmantel bewahrt die Feuchtigkeit im Fisch und wirkt wie ein Puffer vor der direkten Hitze, wodurch ein schonendes Garen möglich ist. Dabei ist entscheidend, ausschließlich grobes Salz zu verwenden, am besten grobes Meersalz.

Zutaten

4 Portionen

1	küchenfertige Lachsforelle (ca 1,2 kg, an Festtagen Dorade oder Wolfsbarsch)
2	Bio-Zitronen
1	Bund gemischte Kräuter (z. B. Thymian und Rosmarin)
2 EL	Olivenöl
5	Eiweiß
3 kg	grobes Meersalz

Außerdem:

Backpapier für das Blech
Zitronensaft (am besten frisch gepresst) und Olivenöl zum Beträufeln
frisch gemahlener Pfeffer zum Bestreuen

Zubereitung 30 Min. • Garen 35 Min.

1. Die **Lachsforelle** unter fließendem Wasser waschen, dann trocken tupfen. Die **Zitronen** heiß waschen, trocken tupfen und in dünne Scheiben schneiden. Die **Kräuter** waschen, trocken schütteln und mit den Zitronenscheiben im Bauchraum der Forelle verteilen. Die Bauchlappen möglichst gut verschließen. Die Forelle mit dem **Olivenöl** einpinseln.

2. Den Backofen auf 220° vorheizen. Ein Backblech mit **Backpapier** auslegen. Die **Eiweiße** in einer großen Schüssel steif schlagen. Das **Meersalz** und ca. 100 ml Wasser dazugeben und alles gleichmäßig vermischen.

3. Einen Teil der Salzmasse auf dem Backblech verteilen und die Forelle in das Salzbett legen. Die restliche Salzmasse gleichmäßig auf dem Fisch verteilen, sodass er ganz bedeckt ist, dabei das Salz gut andrücken.

4. Die Forelle im heißen Backofen (Mitte) 25–35 Min. garen. Sie ist fertig, wenn die Augen durchgehend weiß gefärbt sind. Als Gartest einfach den Salzmantel am Kopf vorsichtig öffnen und die Fischaugen überprüfen.

5. Die Lachsforelle aus dem Ofen herausnehmen und den Salzmantel mit einem Küchenmesser aufbrechen und vorsichtig abheben. Die Haut der Forelle ablösen – das sollte jetzt ganz leicht gehen – und die Filets von der Mittelgräte ablösen. Auf Teller verteilen, mit etwas **Zitronensaft** und ein paar Tropfen **Olivenöl** beträufeln und mit **Pfeffer** überstreuen. Dazu passt Salat, Gemüse oder auch Kartoffeln.

LACHSFORELLE

TOMATEN-ORANGEN-FORELLE IN PERGAMENT

Dieses Rezept habe ich von einer Sizilienreise mitgebracht, die Zutaten befinden sich schon auf halbem Weg in Richtung Orient. Besonders die Kombination aus Kirschtomaten, Orange, Honig und Rosinen gibt es bei uns nicht alle Tage. Die Zubereitung in Pergament ist unkompliziert – und erhöht die Vorfreude, wenn man am Tisch die Päckchen öffnet.

4 ZUTATEN

4	küchenfertige kleine Lachsforellen (à ca. 350 g, an Festtagen Dorade)
300 g	Kirschtomaten
2	Knoblauchzehen
2 TL	Fenchelsamen
1	Bio-Orange
1	Bio-Zitrone
3 TL	Honig
3 EL	Rosinen
4 EL	Olivenöl
	Salz | Pfeffer
½	Bund Koriandergrün

Außerdem:
Pergament- oder Backpapier und Spieße zum Verschließen

ZUBEREITUNG 25 MIN. • GAREN 20 MIN.

1. Den Ofen auf 200° vorheizen. Die **Lachsforellen** gründlich waschen und trocken tupfen. Die **Tomaten** waschen und halbieren. **Knoblauch** schälen und fein hacken. **Fenchelsamen** in einer kleinen Pfanne ohne Fett anrösten und im Mörser fein zerstoßen.

2. Die **Orange** und die **Zitrone** heiß waschen und trocken tupfen, je 2 TL Schale fein abreiben und den Saft auspressen. Schale und Saft in eine Schüssel geben.

3. Knoblauch, Fenchelsamen, **Honig, Rosinen** und das **Öl** dazugeben und alles gut verrühren. Mit **Salz** und **Pfeffer** würzen. Die Tomaten dazugeben und untermischen.

4. Vier Bögen **Pergament-** oder **Backpapier** bereitlegen. Auf jeden Bogen eine Forelle legen. Die Fische jeweils von beiden Seiten und innen mit Salz und Pfeffer würzen. Mit der Tomaten-Würz-Salsa übergießen.

5. Das Papier jeweils über den Fischen zusammenfalten und mit **Spießen** zu Päckchen verschließen. Die Päckchen auf ein Backblech legen und die Fische im heißen Ofen (Mitte) ca. 20 Min. garen. Inzwischen das **Koriandergrün** waschen und trocken schütteln, die Blättchen abzupfen und fein hacken.

6. Die Fischpäckchen aus dem Ofen nehmen und auf vier Teller geben. Öffnen und mit dem Koriandergrün bestreuen.

Und dazu?

Dazu passt Caponata (Seite 37) oder Kartoffelsalat (Seite 58).

KARTOFFELN

Heute isst jeder Deutsche durchschnittlich 1 Kilo Kartoffeln pro Woche. Goethe verzehrte sie laut einem Tagebucheintrag von 1814 sogar dreimal am Tag: »Morgens rund, mittags gestampft, abends in Scheiben, dabei soll's bleiben, es ist gesund.« An einem solchen Kartoffeltag gäbe es bei mir morgens Fächerkartoffeln, mittags Püree und abends Kartoffelsalat.

SCHWEDISCHE FÄCHERKARTOFFELN
LEICHTER KARTOFFELSALAT
KARTOFFELPÜREE

Schwedische Fächerkartoffeln

Aufgefächerte Kartoffeln sind eine gelungene Abwechslung zu den klassischen Brat- oder Salzkartoffeln. Einst in Stockholm erfunden, sind die »Hasselback-Kartoffeln« längst zu einem weit gereisten Klassiker geworden. Ein einfaches Rezept, nicht nur für Couch-Potatoes!

4 Zutaten

8	mittelgroße festkochende Kartoffeln
3	Knoblauchzehen
2	Zweige Rosmarin
6 EL	Olivenöl
50 g	Parmesan
	Salz

Außerdem:
Backpapier für das Blech

Zubereitung 20 Min. • Garen 1 Std.

1. Die **Kartoffeln** gründlich waschen (die Schale bleibt dran) und trocken tupfen. Dann die Knollen quer in Abständen von ca. ½ cm tief ein-, aber nicht ganz durchschneiden, sodass sie an der Unterseite noch gut zusammenhalten.

2. Den Backofen auf 200° vorheizen. Ein Backblech mit **Backpapier** auslegen. Den **Knoblauch** schälen und in dünne Scheibchen schneiden. Den **Rosmarin** waschen, trocken schütteln, die Nadeln von den Zweigen zupfen und grob hacken. Knoblauch und Rosmarin in die Kartoffel-Einschnitte stecken.

3. Die Kartoffeln auf das Backblech legen und mit 3 EL **Olivenöl** beträufeln. Im heißen Ofen (Mitte) ca. 1 Std. garen, dabei nach ca. 30 Min. Garzeit mit dem restlichen Olivenöl (3 EL) beträufeln.

4. Den **Parmesan** reiben und die Kartoffeln kurz vor Garzeitende mit dem Käse bestreuen. Wenn die Kartoffeln knusprig und goldbraun sind, aus dem Ofen nehmen und mit etwas **Salz** bestreuen.

Mein Tipp

Zwei Kochlöffelstiele als Abstandshalter vor und hinter die lange Seite der Kartoffel legen – so lässt sich leicht verhindern, dass die Kartoffel ganz durchgeschnitten wird.

LEICHTER KARTOFFELSALAT

Das Besondere an diesem Kartoffelsalat ist, dass er weder in Mayonnaise ertränkt noch unter Käse begraben wird. Eigentlich ist er das Gegenteil vom klassischen Schichtsalat – er punktet mit seinen feinen frischen Aromen und seiner Bekömmlichkeit.

ZUTATEN

4 Portionen

1 kg	festkochende Kartoffeln
	Salz
50 g	Kapern (in Salz, aus dem Glas)
80 g	Taggiasca-Oliven (in Öl und entsteint, ersatzweise andere grüne Oliven)
1	mittelgroße rote Zwiebel
250 g	möglichst süße Kirschtomaten (z. B. Honigtomaten)
4	Salatblätter
1	Bund Basilikum
5	Sardellenfilets (in Öl)
6 EL	Olivenöl
	Pfeffer

ZUBEREITUNG 45 MIN. • RUHEN 20 MIN.

1. Die **Kartoffeln** waschen, ungeschält in einen Topf geben und mit Wasser knapp bedecken. **Salzen,** aufkochen und die Kartoffeln zugedeckt in 20–30 Min. garen. In ein Sieb abgießen, kalt abschrecken und ausdampfen lassen.

2. Inzwischen die **Kapern** kalt abbrausen und einige Minuten in einem Schälchen wässern. Die **Oliven** abgießen und halbieren. Die **Zwiebel** schälen und fein würfeln.

3. **Tomaten, Salatblätter** und **Basilikum** waschen. Die Tomaten vierteln. Salat und Basilikum trocken tupfen, den Salat in Streifen, die Basilikumblätter fein schneiden. **Sardellen** abtupfen und klein schneiden. Kapern abgießen, trocken tupfen und grob hacken.

4. Die handwarmen Kartoffeln pellen, in Scheiben schneiden und in eine Salatschüssel geben. Alle Zutaten und das **Olivenöl** untermischen, mit Salz und **Pfeffer** würzen. Ca. 20 Min. ziehen lassen.

Kartoffelpüree

Mit dieser einfachen wie leckeren Beilage lassen sich nicht nur Menschen begeistern, die lediglich das Fertig-Flocken-Püree aus der Kantine kennen. Wichtig dabei sind mehligkochende Kartoffeln, die man gar nicht mehr so selbstverständlich überall bekommt.

4 Zutaten

1 kg	mehligkochende Kartoffeln
	Salz
500 ml	Milch
½	Bio-Zitrone
4 EL	Butter
1–2	Prisen frisch geriebene Muskatnuss

Außerdem:
Butter oder Sahne zum Verfeinern (nach Belieben)

Zubereitung 15 Min. • Garen 30 Min.

1. Die **Kartoffeln** waschen, ungeschält in einen Topf geben und mit Wasser knapp bedecken. **Salzen,** aufkochen und die Kartoffeln in 20–30 Min. zugedeckt garen. In ein Sieb abgießen, kalt abschrecken und möglichst heiß pellen.

2. Die **Milch** in einem großen Topf erhitzen. Dabei die Kartoffeln durch eine Kartoffelpresse in die Milch drücken und mit einem Kochlöffel verrühren (alternativ einen Stampfer verwenden). Nach Konsistenz und Geschmack noch etwas Milch untermischen.

3. Die **Zitrone** heiß waschen und trocken tupfen, die Schale abreiben und mit der **Butter** ins Püree rühren. Das Püree mit Salz und **Muskatnuss** abschmecken und nach Belieben mit etwas mehr **Butter** oder **Sahne** verfeinern.

BREZELN

In Süddeutschland gehört die Laugenbrezel für viele zum Grundnahrungsmittel. Auch mit Kindern hat man oft Brezeln dabei – und vor allem übrig. Denn schon nach kurzer Zeit werden sie hart und trocken; dann sind sie die ideale Grundzutat für die folgenden Rezepte. Dabei lassen sie sich auch durch Weißbrot vom Vortag ersetzen.

BREZANELLA-SALAT
CASPARS BREZELKNÖDEL
BREZEL-CRACKER

Brezanella-Salat

Bayern trifft Toskana: Der italienische Brotsalat (Panzanella) lässt sich auch wunderbar mit Brezeln zubereiten. Wichtig sind vor allem »gschmackige« Tomaten und die weggelassenen Zutaten, die den Salat schnell überladen. Also gerne mal auf Oliven, Sardellen, Kapern und Mozzarella verzichten – und dafür großzügig mit frischen Kräutern und Gewürzen hantieren.

Zutaten

4 Personen

3	Brezeln vom Vortag (ca. 250 g)
8 EL	Olivenöl
400 g	bunte Kirschtomaten
3	Stangen Staudensellerie
1	kleine Salatgurke
1	mittelgroße rote Zwiebel
50 g	Rucola
1	Bund Basilikum
1–2	Zweige Oregano
5 EL	Aceto balsamico bianco (ersatzweise 4 EL Weißweinessig + 1 EL Honig)
	Salz | Pfeffer

Außerdem:
Backpapier für das Blech

Zubereitung 25 Min. • Ruhen 3 Std.

1. Den Backofen auf 180° vorheizen. Ein Backblech mit **Backpapier** auslegen. Die **Brezeln** in kleine Scheiben schneiden und auf dem Blech verteilen. Mit 4 EL **Olivenöl** beträufeln und im heißen Backofen (Mitte) ca. 15 Min. rösten, bis sie schön knusprig sind. Herausholen und etwas abkühlen lassen.

2. Inzwischen die **Kirschtomaten** waschen und halbieren. Den **Sellerie** waschen, putzen, gegebenenfalls entfädeln und klein schneiden. Die **Gurke** schälen und ebenfalls klein schneiden. Die **Zwiebel** schälen und in feine Ringe schneiden. Den **Rucola** waschen und in einem Sieb gut abtropfen lassen. **Basilikum** und **Oregano** waschen, trocken schütteln, die Blätter abzupfen und getrennt voneinander grob hacken.

3. In einer kleinen Schüssel aus dem restlichen **Olivenöl** (4 EL), dem **Balsamessig**, dem Oregano sowie **Salz** und **Pfeffer** ein Dressing anrühren.

4. Tomaten, Sellerie, Gurke, Zwiebel, Rucola und Basilikum in eine große Schüssel geben. Das Dressing darübergießen und alles vermischen. Zuletzt die Brezelscheiben unterheben und den Salat nochmals abschmecken.

5. Den Brezanella-Salat mindestens 3 Std. im Kühlschrank durchziehen lassen, ca. 20 Min. vor dem Servieren herausholen und nach Belieben nachwürzen.

UND DAZU?

Zu den Brezelknödeln serviere ich immer Gurkensalat: 1 große Salatgurke schälen, fein hobeln und mit einem Dressing aus 3 EL Joghurt, 1 EL Olivenöl, 2 EL Aceto balsamico bianco, Salz und Pfeffer vermischen.

Caspars Brezelknödel

Dieses Rezept koche ich alle drei Wochen für den Naturkindergarten, in dem mein Sohn Caspar vermutlich die beste Zeit seines Lebens verbringt. Ursprünglich gab es Kaspressknödel, aber die Kinder mochten den Bergkäse nicht. Mit Parmesan, Brezeln und etwas Spinat wurden es dann Caspars Knödel. Einziger Wermutstropfen: Die Kinder lassen nie etwas übrig.

Zutaten

(4)

150 g	TK-Blattspinat
250 ml	Milch
3	Brezeln vom Vortag (ca. 250 g)
150 g	Parmesan
1	Zwiebel
2 EL	Butter
2	Eier (L)
	Salz | Pfeffer
2–3	Prisen frisch geriebene Muskatnuss
2 EL	Semmelbrösel

Außerdem:
neutrales Pflanzenöl zum Braten
heiße Gemüsebrühe zum Servieren

Zubereitung 40 Min. • Ruhen 1 Std.

1. Den **Spinat** in ein Sieb geben und bis zur Weiterverwendung darin auftauen und abtropfen lassen.

2. Inzwischen in einem kleinen Topf die **Milch** lauwarm erhitzen. Das Salz von den **Brezeln** entfernen, die Brezeln in dünne Scheiben schneiden und in eine Schüssel geben. Dann mit der warmen Milch übergießen.

3. Den **Parmesan** reiben. Die **Zwiebel** schälen und klein hacken. Die **Butter** in einer Pfanne erhitzen und die Zwiebel darin anschwitzen. Den Spinat unterheben und kurz andünsten.

4. Die Spinatmischung mit dem Parmesan und den **Eiern** zu den Brezeln geben. Mit **Salz, Pfeffer** und **Muskatnuss** würzen. Alles mit den Händen vermengen. Die **Semmelbrösel** unterheben und die Masse zugedeckt mindestens 1 Std. ruhen lassen (alternativ über Nacht).

5. Mit angefeuchteten Händen zwölf flache Knödel aus der Masse formen. Etwas **Öl** in einer Pfanne erhitzen und die Knödel bei mittlerer Hitze von beiden Seiten goldbraun und knusprig braten. Die Brezelknödel in etwas **Gemüsebrühe** servieren.

BREZEL-CRACKER

Aus trockenen Brezeln lassen sich fantastische Cracker zaubern! Sie kommen zum Naschen zwischendurch wie gerufen – oder auch als Topping für bunte Salate. Die Kombination mit Senf, Honig und Paprika eignet sich für das Laugengebäck ganz hervorragend.

ZUTATEN

4 Portionen

3	Brezeln vom Vortag (ca. 250 g)
70 g	Dijon-Senf
4 EL	flüssiger Honig
4 EL	Olivenöl
1–2 EL	Aceto balsamico bianco (ersatzweise Weißweinessig)
1 TL	edelsüßes Paprikapulver
	Salz | Pfeffer

Außerdem:

Backpapier für das Blech

ZUBEREITUNG 10 MIN. • BACKEN 30 MIN.

1. Den Backofen auf 160° vorheizen. Ein Backblech mit **Backpapier** auslegen. Das Salz von den **Brezeln** grob entfernen und die Brezeln in kleine Stücke schneiden.

2. Senf, Honig, Olivenöl, Balsamessig, Paprikapulver, Salz und **Pfeffer** zu einer Marinade verrühren. Die Brezelstücke in die Marinade geben und sorgfältig vermengen, sodass die Stücke rundum von der Marinade überzogen sind. Die Brezelstücke auf dem Backblech verteilen.

3. Die Brezelstücke im heißen Backofen (Mitte) ca. 30 Min. backen. Danach den Ofen ausschalten, die Brezelstücke wenden und im leicht geöffneten Ofen langsam abkühlen lassen.

BROKKOLI

Wer freut sich nicht über Röschen? Und dann auch noch ohne Dornen? Das bietet uns nur der Brokkoli: grün, gesund und geschmackvoll, bei mir in den unterschiedlichsten Zubereitungen von apulisch bis asiatisch.

ORECCHIETTE MIT BROKKOLI UND SARDELLEN
ASIA-BROKKOLI MIT REIS
BROKKOLISUPPE MIT CASHEWKERNEN

BROKKOLI

ORECCHIETTE MIT BROKKOLI UND SARDELLEN

In Apulien ist dieses Gericht sozusagen heilig und wird ursprünglich mit Stängelkohl (Cime di rapa) zubereitet. Brokkoli schmeckt weniger bitter und ist dennoch ein legitimer Ersatz. Übrigens sollte man immer genügend Sardellenfilets im Kühlschrank haben: Damit lassen sich viele Saucen elegant aufwürzen.

ZUTATEN

(4 Portionen)

600 g	Brokkoli (oder Cime di rapa)
	Salz
6	Sardellenfilets (in Öl)
3	Knoblauchzehen
100 g	Parmesan
125 ml	Olivenöl
1 TL	Chiliflocken (nach Belieben)
500 g	Orecchiette (Öhrchennudeln, ersatzweise andere kurze Nudeln)
	Pfeffer

Außerdem:

Olivenöl zum Beträufeln

ZUBEREITUNG 30 MIN.

1. Den **Brokkoli** waschen und in kleine Röschen zerteilen, dabei den Strunk weitgehend entfernen. Wasser in einem großen Topf aufkochen, **salzen** und den Brokkoli darin in 5–7 Min. knapp weich garen. Die Röschen mit einem Schaumlöffel herausheben und in einem Sieb abtropfen lassen. Das Kochwasser zum Garen der Pasta stehen lassen.

2. Die **Sardellenfilets** abtropfen lassen und klein schneiden. Den **Knoblauch** schälen und klein würfeln. Den **Parmesan** reiben.

3. Das **Olivenöl** in einer großen Pfanne erhitzen und die Sardellenfilets darin so lange unter Rühren anbraten, bis sie zerfallen. Dann den Knoblauch, den Brokkoli und die **Chiliflocken** hinzufügen, unterrühren und ca. 10 Min. mitgaren.

4. Inzwischen das Brokkoli-Kochwasser nochmals aufkochen lassen und die **Orecchiette** darin nach Packungsanweisung bissfest garen. Dann in ein Sieb abgießen, kurz abtropfen lassen und zu der Brokkoli-Mischung geben. Alles gut vermengen und mit Salz und **Pfeffer** abschmecken (wegen der Sardellenfilets eher sparsam salzen).

5. Die Pasta auf vier Teller verteilen, mit etwas Parmesan bestreuen und mit etwas **Olivenöl** beträufeln. Gleich servieren.

BROKKOLI

ASIA-BROKKOLI MIT REIS

Dieses exquisite Rezept stammt von der Mutter von »Frau Ping«, einer Kindergartenfreundin unseres Sohnes. Das Gericht wird von Kindern und Erwachsenen gleichermaßen geliebt – es hat aromatisch einiges zu bieten. Das Fünf-Gewürzpulver bezieht sich übrigens auf die fünf chinesischen Elemente süß, bitter, sauer, salzig und pikant. Das sagt eigentlich schon alles.

④

ZUTATEN

1	Brokkoli (ca. 600 g)
400 g	Reis
	Salz
3 EL	Kokosblütenzucker (ersatzweise brauner Zucker)
1	Knoblauchzehe
2 EL	neutrales Pflanzenöl
3 TL	Fünf-Gewürz-Pulver (Asienladen)
6 EL	Sojasauce
3 EL	Fischsauce (Asienladen)
	Pfeffer

ZUBEREITUNG 30 MIN.

1. Den **Brokkoli** waschen und in mundgerechte Röschen zerteilen. Den Strunk schälen und klein schneiden.

2. Den **Reis** in einem Sieb kalt abbrausen, bis das ablaufende Wasser klar bleibt. Mit 750 ml Wasser und 1 TL **Salz** in einem Topf einmal aufkochen lassen. Hitze reduzieren und den Reis ca. 20 Min. (je nach Sorte) bei schwacher Hitze offen köcheln lassen.

3. Inzwischen in einer tiefen Pfanne ca. 400 ml Wasser leicht zum Sieden bringen (nicht aufkochen). Den Brokkoli und 1 Prise **Kokosblütenzucker** dazugeben und den Brokkoli kurz andünsten, bis er eine schöne grüne Farbe bekommen hat. Herausnehmen und beiseitestellen. Den Sud in eine Schüssel gießen und ebenfalls beiseitestellen. Die Pfanne mit Küchenpapier auswischen.

4. Den **Knoblauch** schälen und klein würfeln. Das **Öl** in der Pfanne erhitzen und den Knoblauch darin anbraten. Den Brokkoli mit dem restlichen Kokosblütenzucker und dem **Fünf-Gewürz-Pulver** zugeben und kurz anbraten. Dann mit der **Sojasauce** würzen.

5. Den Brokkoli-Sud dazugießen und alles mit **Fischsauce** und **Pfeffer** abschmecken. Den Reis in ein Sieb abgießen. Mit dem Asia-Brokkoli auf vier Teller verteilen und gleich servieren.

Brokkolisuppe mit Cashewkernen

Brokkoli lässt sich auch gut mit süßen, scharfen und nussigen Aromen vereinen – wie in dieser Suppe. Hier sind Datteln, Cashewkerne, Ingwer und Curry elegante Gegenspieler. Um Vorurteile zu vermeiden, kann man übrigens auch verheimlichen, dass die Suppe vegan ist.

Zutaten

(4)

200 g	Cashewkerne
1	Zwiebel
1	Knoblauchzehe
25 g	Ingwer (2–3 cm Länge)
2	kleine Brokkoli
10	getrocknete Datteln (am besten Medjool)
1	Bio-Zitrone
2	vorwiegend festkochende Kartoffeln
2 EL	Sonnenblumenöl
1 l	Gemüsebrühe
1–2 TL	Agavendicksaft
1–2 TL	Currypulver
	Salz | Pfeffer

Zubereitung 45 Min. • Einweichen 4 Std.

1. Die Hälfte **Cashewkerne** mindestens 4 Std. in 200 ml Wasser einweichen. Dann im Mixer zu einer Creme pürieren.

2. Die **Zwiebel** und den **Knoblauch** schälen und klein würfeln. Den **Ingwer** schälen und klein hacken. Den **Brokkoli** waschen, vom harten Strunk befreien und in mundgerechte Röschen zerteilen. Die **Datteln** entsteinen und in grobe Stücke schneiden.

3. Die **Zitrone** heiß waschen und trocken tupfen, die Schale abreiben und den Saft auspressen. Die **Kartoffeln** schälen und in ca. 1 cm große Würfel schneiden.

4. Die zweite Hälfte der Cashewkerne mit einem großen Küchenmesser klein hacken und in einer Pfanne ohne Fett goldgelb anrösten, dann beiseitestellen.

5. Das **Sonnenblumenöl** in einem Topf erhitzen und die Zwiebel, den Knoblauch und den Ingwer darin glasig dünsten. Den Brokkoli, die Datteln und die Kartoffeln dazugeben. 200 ml **Gemüsebrühe** dazugießen und alles ca. 5 Min. köcheln lassen.

6. Die restliche Gemüsebrühe (800 ml), den **Agavendicksaft,** das **Currypulver** und die Cashewcreme dazugeben und alles weitere 10 Min. köcheln lassen. Dann die Suppe mit einem Pürierstab cremig pürieren. Mit Zitronensaft, Zitronenabrieb, **Salz** und **Pfeffer** abschmecken.

7. Die Suppe auf vier Teller verteilen und die gerösteten Cashewkerne als Topping daraufgeben.

KÜRBIS

Der Kürbis hat in der deutschen Küche erst in der jüngeren Vergangenheit an Bedeutung gewonnen, deswegen lohnt sich ein Blick über den Tellerrand. Afghanistan und Marokko präsentieren in ihren klassischen Rezepten eine unglaubliche Vielfalt an Aromen, mit denen sich der Kürbis veredeln lässt. Aber auch meine Orangen-Kürbissuppe lässt sich nicht lumpen.

ORANGEN-KÜRBISSUPPE
KADU BORANI MIT KÜRBIS
MAROKKANISCHER KÜRBISEINTOPF

KÜRBIS

Orangen-Kürbissuppe

Eigentlich handelt es sich bei diesem Rezept nicht um eine Kürbissuppe, sondern um eine Geschmacksexplosion. Der Kürbis an sich ist ja nicht sehr aromatisch, aber zusammen mit Orangen, Zimt, Honig und Rosmarin ergibt das einen unvergesslichen Aromen-Akkord.

4 Zutaten

1 kg	Hokkaido-Kürbis (geputzt gewogen)
1	Bio-Orange
5	Orangen
1	mittelgroße Zwiebel
1	Knoblauchzehe
40 g	Ingwer (ca. 4 cm Länge)
1	Zweig Rosmarin
50 g	Butter + 1 TL
1 l	Gemüsefond (aus dem Glas)
1 EL	Honig
2 TL	Zimtpulver
1 TL	gemahlener Piment
	Cayennepfeffer
	Salz | Pfeffer
4	Scheiben Toastbrot
4 EL	Kürbiskerne

Außerdem:
Kürbiskernöl oder fein geschnittene Petersilie zum Servieren

Zubereitung 1 Std. • Garen 35 Min.

1. Den **Kürbis** waschen, halbieren und mit einem Esslöffel entkernen. Das Fruchtfleisch in Spalten schneiden und grob würfeln.

2. Die **Bio-Orange** heiß waschen, trocken tupfen und die Schale abreiben. Mit 3 weiteren **Orangen** auspressen. Die beiden restlichen Orangen so schälen, dass auch die weiße Innenhaut mit entfernt wird. Die Fruchtfilets zwischen den Trennhäuten herausschneiden (filetieren).

3. Zwiebel, Knoblauch und **Ingwer** schälen und fein hacken. Den **Rosmarin** waschen und trocken schütteln. In einem großen Topf die **Butter** (50 g) zerlassen. Zwiebel, Knoblauch und Ingwer mit dem Rosmarinzweig darin glasig dünsten. Den Kürbis zugeben und ca. 5 Min. mitdünsten. **Fond** und Orangensaft angießen und alles bei schwacher Hitze ca. 25 Min. zugedeckt köcheln.

4. Rosmarin entfernen und die Suppe mit **Honig,** 1 TL **Zimt**, dem **Piment,** dem Orangenabrieb und etwas **Cayennepfeffer** würzen. Mit **Salz** und **Pfeffer** abschmecken und die Suppe ca. 10 Min. leicht köchelnd ziehen lassen. Dann mit einem Pürierstab pürieren, die Orangenfilets dazugeben und darin ziehen lassen.

5. Inzwischen das **Toastbrot** klein würfeln. Die **Kürbiskerne** in einer Pfanne ohne Fett rösten, dann herausnehmen. 1 TL **Butter** in der Pfanne zerlassen und das Brot darin knusprig braten. Mit Salz, Pfeffer und dem restlichen **Zimt** (1 TL) abschmecken.

6. Die Suppe auf tiefe Teller verteilen, Kürbiskerne und Zimt-Croûtons mittig darüberstreuen. Nach Geschmack passt noch 1 Schuss **Kürbiskernöl** oder etwas fein geschnittene **Petersilie**.

Mein Tipp

Als Topping passen auch die Brezel-Cracker (Seite 66) sehr gut, falls davon noch welche übrig sein sollten.

Kadu Borani mit Kürbis

Dieses afghanische Rezept besticht mit Süße, Schärfe und Fruchtigkeit und ist wie gemacht für dieses Buch: Es besteht aus *drei* unterschiedlichen Teilen – Tomatensauce, Kürbis und Joghurtsauce. Die acht Knoblauchzehen sind übrigens kein Druckfehler.

4

Zutaten

3 TL	Korianderkörner
1	kleine Zwiebel
8	Knoblauchzehen
5 EL	Sonnenblumenöl
125 g	Tomatenmark
½ TL	Cayennepfeffer
	Salz | Pfeffer
40 g	Ingwer (ca. 4 cm Länge)
1,5 kg	Butternut-Kürbis (geputzt gewogen)
150 g	Honig
300 g	Naturjoghurt
10	Minzeblätter

Zubereitung 30 Min. • Garen 50 Min.

1. Den **Koriander** im Mörser fein zermahlen. Die **Zwiebel** schälen und klein würfeln. Den **Knoblauch** schälen.

2. In einem Topf 1 EL **Öl** erhitzen und die Zwiebel darin glasig dünsten. Dann 1 Knoblauchzehe dazupressen und zwei Drittel vom **Koriander,** das **Tomatenmark,** den **Cayennepfeffer, Salz, Pfeffer** und 125 ml Wasser zugeben. Bei schwacher Hitze ca. 20 Min. zugedeckt köcheln, dabei ab und zu umrühren.

3. Inzwischen den **Ingwer** schälen und mit 6 Knoblauchzehen fein hacken. Mit dem restlichen **Koriander** (1 TL), 1 TL Salz, ¼ TL Pfeffer und 250 ml Wasser in einer Schüssel vermengen.

4. Den **Kürbis** schälen und entkernen, das Fruchtfleisch in 1–2 cm große Würfel schneiden. Das restliche **Öl** (4 EL) in einem großen Topf erhitzen und den Kürbis darin leicht braun anbraten. Die Knoblauch-Ingwer-Mischung dazugeben und alles zugedeckt bei schwacher Hitze ca. 15 Min. köcheln.

5. Die Tomatensauce und den **Honig** hinzufügen und weitere 15 Min. zugedeckt kochen lassen, bis der Kürbis schön weich ist. Am Ende nach Bedarf den Deckel abnehmen und noch so lange köcheln, bis die Sauce leicht eingedickt ist.

6. Inzwischen die restliche Knoblauchzehe in eine Schüssel pressen. Mit dem **Joghurt** und ¼ TL Salz vermengen. Die **Minze** waschen, trocken tupfen und fein schneiden. Den Kürbiseintopf auf tiefe Teller verteilen. Die Joghurtsauce darübergeben und mit der gehackten Minze bestreuen. Dazu passt Fladenbrot.

KÜRBIS

Marokkanischer Kürbiseintopf

Kann man bei dieser langen Zutatenliste eigentlich noch von einem Kürbiseintopf sprechen? Ich würde sagen: Ja. Wer will, kann das Gericht auch einfach Gemüse-Tajine nennen. Am Geschmack ändert sich deshalb ja nichts. Es sei denn, man ersetzt die Kartoffeln durch eine Aubergine, was ebenfalls empfehlenswert ist.

Zutaten

4 Personen

500 g	Kürbis (geputzt gewogen, z. B. Hokkaido oder Muskat)
300 g	Möhren
200 g	festkochende Kartoffeln
1	Gemüsezwiebel
4 EL	Olivenöl
400 ml	Gemüsebrühe
1	Dose stückige Tomaten (400 g)
1 EL	Ras el Hanout
½ TL	Zimtpulver
2 TL	Harissa
	Salz | Pfeffer
80 g	getrocknete Aprikosen
1	Dose Kichererbsen (ca. 265 g Abtropfgewicht)
200 g	Instant-Couscous
2 EL	gehackte Mandeln

Außerdem:
Gusseisentopf

Zubereitung 45 Min. • Garen 35 Min.

1. Backofen auf 250° Umluft vorheizen (Ober-/Unterhitze ist ungeeignet). Den **Kürbis** schälen (Hokkaido nur waschen), entkernen und das Fruchtfleisch in grobe, ca. 2 cm große Stücke schneiden. Die **Möhren** putzen und mit den **Kartoffeln** schälen, beides in ca. 2 cm große Stücke schneiden. Die **Zwiebel** schälen, halbieren und in feine Scheiben oder dickere Spalten schneiden.

2. In einem Gusseisentopf 3 EL **Olivenöl** erhitzen. Die Zwiebel darin ca. 2 Min. bei mittlerer Hitze andünsten. Kürbis, Möhren und Kartoffeln zugeben und 3–4 Min. mitbraten. Mit 350 ml **Brühe** und den **Tomaten** ablöschen. **Ras el Hanout**, **Zimt** und 1 TL **Harissa** dazugeben und mit **Salz** und **Pfeffer** abschmecken. Die **Aprikosen** klein würfeln und dazugeben. Den Eintopf im heißen Backofen (Mitte) ca. 30 Min. zugedeckt garen.

3. Inzwischen die **Kichererbsen** in ein Sieb abgießen, kalt abbrausen und abtropfen lassen. Etwa 5 Min. vor Garzeitende unter den Eintopf mischen. Dann den Topfdeckel abnehmen und das Gemüse auf höchster Backofenstufe ca. 5 Min. übergrillen.

4. Währenddessen den **Couscous** in einem kleinen Topf mit dem restlichen **Olivenöl** (1 EL) und Salz vermischen und nach Packungsanweisung mit kochendem Wasser zubereiten.

5. Die **Mandeln** in einer kleinen Pfanne ohne Fett hellbraun rösten. Den Eintopf mit dem Couscous auf Tellern anrichten und mit den Mandeln garnieren. Das übrige **Harissa** (1 TL) in der übrigen **Brühe** (50 ml) auflösen und als Würzsauce zum Gemüse reichen.

GURKE

Wir sollten alle mehr Gurken essen – sind sie doch ein Power-Gemüse und Gesundheits-Booster. Mit Minze, Basilikum, Koriandergrün oder Chili ist eine Gurke immer in guter Gesellschaft: als Salat, Suppe oder Sommerrolle.

DREIERLEI VIETNAMESISCHE SOMMERROLLEN
KALTE PERSISCHE GURKENSUPPE
ASIATISCHER GURKENSALAT

DREIERLEI VIETNAMESISCHE SOMMERROLLEN

Eine Sommerrolle ohne Gurke ist so ähnlich wie ein Politiker ohne Rückgrat – unhaltbar. Deswegen übernimmt das Gemüse hier auch eine ganz tragende Rolle.

4 ZUTATEN

200 g	Reisnudeln (Vermicelli)
½	Kopf Eisbergsalat
100 g	Alfalfa-Sprossen
1	Salatgurke
je 5	Stängel Thai-Basilikum, Minze und Koriandergrün
100 g	geröstete gesalzene Erdnusskerne
200 g	Räuchertofu
2	reife Avocados
2 TL	Zitronensaft (am besten frisch gepresst)
4	Eier (M)
1 EL	neutrales Pflanzenöl
16	runde Blätter Reispapier (à ca. 28 cm Ø, Asienladen)

Außerdem:
Sojasauce zum Dippen

ZUBEREITUNG 50 MIN.

1. Die **Reisnudeln** mit kochendem Wasser übergießen und nach Packungsanweisung quellen lassen. Danach abgießen und abtropfen lassen.

2. Den **Salat** in feine Streifen schneiden, waschen und abtropfen lassen. Die **Sprossen** ebenfalls waschen und abtropfen lassen. Die **Gurke** schälen und in ca. 0,5 cm breite Streifen schneiden. Die **Kräuter** waschen, trocken schütteln und die Blätter abzupfen.

3. Die **Erdnüsse** mit einem scharfen Messer grob zerhacken. Den **Tofu** längs in ca. 1 cm breite Streifen schneiden. Die **Avocados** längs halbieren und das Fruchtfleisch ebenfalls in Streifen schneiden. Gleich mit **Zitronensaft** beträufeln.

4. Die **Eier** verquirlen und in einer Pfanne mit **Öl** zu einem Omelett braten, dabei einmal wenden. In Streifen schneiden.

5. Eine flache Schüssel mit warmem Wasser bereitstellen. Je 1 **Reispapierblatt** nach Packungsanweisung ca. 20 Sek. darin einweichen. Vorsichtig herausnehmen und glatt auf einem sauberen Küchentuch auslegen. In die Mitte jeweils ein paar Gurkenstreifen, 1–2 EL Reisnudeln und etwas Eisbergsalat legen. Erdnüsse, Sprossen, Kräuter und zum Schluss abwechselnd Tofu, Avocado oder Omelett auf die Reispapierblätter verteilen.

6. Die Reispapier-Außenseiten über die Füllung klappen. Von einer Längsseite aus von unten nach oben rollen, dabei die Füllung kompakt zusammendrücken. Reispapier vorsichtig andrücken und mit der Nahtseite nach unten auf eine Servierplatte legen. Übrige Rollen ebenso formen. Mit **Sojasauce** als Dip servieren.

MEIN TIPP

Wer einmal auf den Geschmack gekommen ist und Sommerrollen öfter zubereitet, kann sich im Fachhandel oder im Internet nach Siebmatten umschauen – sehr praktisch beim Herausheben der Reispapierblätter aus dem Einweichwasser.

GURKE

Kalte persische Gurkensuppe

Eine erfrischende Suppe, die aufgrund der Kombination von Gurke und Joghurt am ehesten an Zaziki ohne Knoblauch erinnert. In dieser Mischung mit den frischen Kräutern, Nüssen und Korinthen meine ganz persönliche Empfehlung.

Zutaten

4 Personen

- 2 Salatgurken
- 1 Bund Frühlingszwiebeln
- je ½ Bund Minze und Basilikum
- 50 g Korinthen
- 600 g Vollmilchjoghurt (3,5 % Fett)
- Salz | Pfeffer
- 50 g Walnusskerne

Außerdem:
getrocknete Rosenblütenblätter zum Bestreuen (Orientladen oder Apotheke, nach Belieben)

Zubereitung 30 Min. • Kühlen 2 Std.

1. Die **Gurken** waschen, putzen und ungeschält in ca. 0,5 cm große Würfel schneiden. Die **Frühlingszwiebeln** putzen, waschen und in feine Ringe schneiden. Die **Kräuter** waschen und trocken schütteln, die Blättchen abzupfen und fein hacken.

2. Gurken, Frühlingszwiebeln, Kräuter und **Korinthen** mit dem **Joghurt** gut vermengen. So viel kaltes Wasser unterrühren, dass die Konsistenz einer cremigen Suppe erreicht wird. Mit **Salz** und **Pfeffer** abschmecken und mindestens 2 Std. kühl stellen.

3. Inzwischen die **Walnüsse** grob hacken und in einer kleinen Pfanne ohne Fett leicht anrösten.

4. Die Suppe erst kurz vor dem Servieren aus dem Kühlschrank nehmen. Auf tiefe Teller verteilen und mit den Walnüssen und nach Belieben mit **Rosenblättern** bestreuen.

Asiatischer Gurkensalat

In der asiatischen Küche gibt man sich auch beim Gemüseschneiden richtig Mühe – eine ganz eigene Kunstfertigkeit. Wer noch nicht über einen Spiralschneider verfügt, kann die Gurke auch mit einem Sparschäler oder einem Messer in feine Streifen schneiden.

(4) Zutaten

2	Salatgurken (ca. 800 g)
	Salz
1	Limette
1	milde rote Chilischote
1 EL	Chilipaste
2 EL	Sojasauce
3 EL	geröstetes Sesamöl
2	Frühlingszwiebeln
½	Bund Koriandergrün
1	rote Zwiebel
½ TL	Chiliflocken oder Szechuan-Pfeffer
2 EL	heller Sesam

Zubereitung 30 Min.

1. Die **Gurken** schälen und – siehe oben – in Spiralen oder sehr dünne Scheiben schneiden. In ein Sieb geben, leicht **salzen** und ca. 5 Min. ziehen lassen.

2. Inzwischen die **Limette** auspressen. **Chili** waschen, putzen, entkernen und in Ringe schneiden. Mit **Chilipaste, Sojasauce, Sesamöl** und Limettensaft verrühren. Die Gurken vorsichtig mit dem Dressing vermengen und mindestens 10 Min. marinieren.

3. Währenddessen die **Frühlingszwiebeln** waschen, putzen und in feine Ringe schneiden. Den **Koriander** waschen, trocken schütteln und die Blätter abzupfen. Die **Zwiebel** schälen, in Streifen schneiden und zum Gurkensalat geben. Frühlingszwiebeln, Koriandergrün und **Chiliflocken** darüberstreuen.

4. Den **Sesam** in einer kleinen Pfanne ohne Fett hellbraun rösten und auf den fertigen Salat geben. Gleich servieren.

LACHS

Der Lachs ist Deutschlands beliebtester Fisch. Er ist unkompliziert zu verarbeiten und passt mit seinem leckeren, milden Geschmack zu den unterschiedlichsten Saucen. Dabei überzeugt er in dicker Panade, gebraten oder gebacken, und er ist heute auch fast überall in Bio-Qualität erhältlich.

GEBACKENER LACHS MIT SOJASAUCE
GEBRATENER ORANGEN-LACHS MIT HONIG-SENF-SAUCE
LACHS MIT KNUSPER-KRÄUTER-PANADE

Gebackener Lachs mit Sojasauce

Warum den Lachs nicht mal auf asiatische Art zubereiten? Nur wenige, sich ergänzende Zutaten reichen aus – für einen spannenden Aromenmix aus Süße, Schärfe und Säure.

(4) Zutaten

10 g	Ingwer (1–2 cm Länge)
2	Knoblauchzehen
1	kleine Chilischote
8 EL	Sojasauce
3 EL	Limettensaft
2 EL	Honig
2 EL	heller Sesam
800 g	Lachsfilet mit Haut (4 Stücke à ca. 200 g)
2	Pak Choi (ca. 800 g)

Zubereitung 25 Min. • Garen 20 Min.

1. Backofen auf 190° vorheizen. Ein Stück Alufolie (30 × 50 cm) bereitlegen. Für die Marinade den **Ingwer** schälen und auf einer feinen Reibe in eine große Schüssel reiben. Den **Knoblauch** schälen und dazupressen. Die **Chili** waschen, putzen, längs aufschneiden, von weißen Trennwänden und Kernen befreien, dann fein hacken. Mit **Sojasauce, Limettensaft, Honig** und **Sesam** in die Schüssel dazugeben und alles gründlich verrühren.

2. Die **Lachsfilets** trocken tupfen, zur Marinade geben, gründlich darin wenden und mindestens 5 Min. darin ziehen lassen. Inzwischen den **Pak Choi** waschen, trocken tupfen und längs vierteln.

3. Die Alufolie glatt auslegen. Die Lachsfilets aus der Marinade nehmen und nebeneinander mit der Hautseite nach unten in die Mitte der Folie legen, die Pak-Choi-Stücke darauf verteilen. Mit der restlichen Marinade übergießen. Die Alufolie darüber verschließen, das Päckchen auf ein Backblech legen und im heißen Ofen (Mitte) ca. 20 Min. garen.

4. Die Lachsfilets und den Pak Choi auf vier Teller verteilen und gleich servieren. Dazu passt Reis.

Gebratener Orangen-Lachs mit Honig-Senf-Sauce

Lachs mit Honig-Senf-Sauce ist zweifellos ein Klassiker, aber mit dem fruchtigen Twist von Orangen bekommt er eine ganz neue, süßlich-frische Dimension. Das Gericht ist einfach zuzubereiten und schmeckt allen Erwachsenen – falls die Kinder etwas übrig lassen.

4 Zutaten

3	Frühlingszwiebeln
1	Zweig Rosmarin
4	Bio-Orangen
4 EL	Olivenöl
300 ml	Gemüsebrühe
2 EL	flüssiger Honig
2 EL	süßer Senf
2 EL	Apfelessig
½ TL	weißer Pfeffer
	Salz
800 g	Lachsfilet mit Haut (4 Stücke à ca. 200 g)

Außerdem:

etwas Olivenöl zum Bepinseln

Zubereitung 40 Min.

1. Die **Frühlingszwiebeln** waschen, putzen und in feine Ringe schneiden. Den **Rosmarin** waschen und trocken schütteln, die Nadeln abzupfen und fein hacken. 2 **Orangen** heiß waschen, trocken tupfen und die Schale fein abreiben oder in Zesten abziehen. Alle 4 Orangen auspressen (für ca. 300 ml Saft).

2. In einem kleinen Topf 2 EL **Olivenöl** erhitzen, die Frühlingszwiebeln und den Rosmarin darin andünsten. **Gemüsebrühe** und Orangensaft dazugießen. Orangenabrieb oder -zesten, **Honig, Senf, Apfelessig** und **Pfeffer** unterrühren. Mit **Salz** abschmecken und die Sauce bei mittlerer Hitze offen einköcheln lassen.

3. Inzwischen den **Lachs** trocken tupfen, beidseitig mit etwas **Olivenöl** bepinseln, salzen und pfeffern. Das restliche **Öl** (2 EL) in einer Pfanne erhitzen und den Lachs darin bei mittlerer Hitze ca. 4 Min. pro Seite braten. Auf Teller geben und die Honig-Senf-Sauce darüber verteilen. Dazu passen Fächerkartoffeln (Seite 56).

Lachs mit Knusper-Kräuter-Panade

Dieser Lachs hat's drauf – und zwar dicke. Altbackenes Brot und klein gehäckselte Kräuter als Panade machen den Fisch knusprig und saftig zugleich. Die Kräuter lassen sich nach Geschmack variieren: Statt Rosmarin passt beispielsweise auch Koriander – je nachdem, was gerade da ist und gefällt. Hauptsache, man geht schön großzügig damit um.

(4) Zutaten

1	Bund Dill
1	Bund glatte Petersilie
3	Zweige Thymian
2	Zweige Rosmarin
1	Bio-Zitrone
100 g	Weißbrot vom Vortag
50 ml	Olivenöl
	Salz
1 TL	gemahlener weißer Pfeffer
800 g	Lachsfilet ohne Haut (4 Stücke à ca. 200 g)

Außerdem:
Backpapier für das Blech

Zubereitung 25 Min. • Garen 20 Min.

1. Den Backofen auf 200° vorheizen und ein Backblech mit **Backpapier** auslegen.

2. Die **Kräuter** waschen und trocken schütteln, die Blättchen bzw. Nadeln abzupfen. Die **Zitrone** heiß waschen und trocken tupfen. Die Schale mit einem Zestenreißer abziehen oder mit einem Sparschäler dünn abschälen.

3. Das **Brot** in Stücke brechen und in einem Mixer fein zermahlen. Dann die Kräuter, den Zitronenabrieb, das **Olivenöl** sowie **Salz** und **Pfeffer** dazugeben und alles grob pürieren.

4. Die **Lachsfilets** trocken tupfen und auf das Backblech legen. Die Panade relativ dick auf der Oberfläche der Filets verteilen. Die Filets im heißen Backofen (Mitte) ca. 20 Min. garen. Auf Tellern anrichten und gleich servieren.

RINDER-GULASCH

Gulasch ist großartig, weil es sich unkompliziert und ohne aufwendige Kochtechniken zubereiten lässt. Es sollte zwar lange köcheln, aber man muss ja nicht permanent am Herd stehen. Das Ergebnis ist zartes und geschmacksintensives Fleisch, das ich jedem zähen, trockenen Steak vorziehe.

PFEFFERGULASCH MIT ROTWEIN
KLASSISCHES RINDERGULASCH
VIETNAMESISCHES RINDERGULASCH

RINDERGULASCH PFEFFERGULASCH MIT ROTWEIN

Das Geheimnis hinter dem italienischen Pfeffergulasch ist schnell gelüftet: drei Stunden Schmorzeit, eine Flasche erstklassiger Chianti und großzügige Mengen an Pfeffer. Wenn diese Zutaten erst einmal vom Gulasch aufgesogen sind, ergibt das ein unvergessliches Geschmackserlebnis, das sogar ein anspruchsvolles Festmahl bereichern kann.

④

ZUTATEN

1	große Zwiebel
1,2 kg	Rindergulasch
2 EL	schwarze Pfefferkörner
2	Zweige Rosmarin
4 EL	Olivenöl
	Salz
200 g	Tomatenmark
700 ml	Chianti Classico (oder anderer trockener Rotwein)

Außerdem:
Chianti Classico oder Rinderbrühe zum Nachgießen

ZUBEREITUNG 25 MIN. • SCHMOREN 3 STD.

1. Die **Zwiebel** schälen und klein würfeln. Das **Fleisch** trocken tupfen und bei Bedarf in mundgerechte Stücke schneiden. Die **Pfefferkörner** auf einen Teller mahlen und die Fleischwürfel darin wenden. Den **Rosmarin** waschen und trocken schütteln.

2. Das **Olivenöl** in einem Schmortopf erhitzen und die Zwiebel darin bei mittlerer Hitze unter Rühren glasig dünsten. Das Fleisch hinzufügen und unter Rühren von allen Seiten leicht anbraten. Etwas **salzen** und das **Tomatenmark** unterrühren.

3. Den Rosmarin hinzufügen und den **Rotwein** dazugießen, sodass das Fleisch ganz bedeckt ist. Das Gulasch bei schwacher Hitze mindestens 2–3 Std. zugedeckt köcheln lassen, dabei gelegentlich umrühren. Falls die Flüssigkeit zu schnell verdampft, mehr **Wein** oder **Rinderbrühe** nachgießen.

4. Das Gulasch ist fertig, wenn das Fleisch weich und die Sauce sämig ist. Dann den Rosmarin entfernen, das Pfeffergulasch mit Salz abschmecken und servieren.

Und dazu?

Als Beilage empfehle ich geröstete Bruschetta-Scheiben, Rosmarin-Kartoffeln oder auch Polenta. Und natürlich eine zweite Flasche Chianti.

UND DAZU?
Zum klassischen Rindergulasch passen natürlich Nudeln, Spätzle oder Semmelknödel.

Klassisches Rindergulasch

Dieses traditionelle Gulasch wird mit Zwiebeln, Möhren und Sellerie zubereitet, in einer reichhaltigen aromatischen Sauce geschmort sowie mit Rotwein und einer Vielzahl von Gewürzen verfeinert. Ein zeitloser Klassiker, schmeckt wie bei Oma.

4 Zutaten

1 kg	Rindergulasch
	Salz
5 EL	Butterschmalz (oder neutrales Pflanzenöl)
2	Zwiebeln
2	Möhren
½	Sellerie
6 EL	Tomatenmark
300 ml	trockener Rotwein
2	Knoblauchzehen
1	Bio-Zitrone
4	Pimentkörner
3 TL	edelsüßes Paprikapulver
1 TL	getrockneter Majoran
½ TL	Cayennepfeffer
600 ml	Rinderbrühe
2	Lorbeerblätter
	Pfeffer

Zubereitung 35 Min. • Schmoren 2 Std.

1. Das **Fleisch** trocken tupfen, bei Bedarf in mundgerechte Stücke schneiden und leicht **salzen.** In einem großen Schmortopf 4 EL **Butterschmalz** zerlassen und das Fleisch darin portionsweise scharf anbraten. Herausnehmen und beiseitestellen. Den Topf nicht säubern.

2. Die **Zwiebeln** schälen und klein würfeln. Die **Möhren** und den **Sellerie** putzen, schälen und in grobe Stücke schneiden. Das restliche **Butterschmalz** (1 EL) in dem Schmortopf zerlassen. Die Zwiebeln und das Gemüse darin andünsten.

3. Das **Tomatenmark** zugeben und unter Rühren mitdünsten. Das Fleisch wieder hinzufügen und alles mit dem **Rotwein** ablöschen. Den Wein im geöffneten Topf etwa zur Hälfte verkochen lassen.

4. Inzwischen den **Knoblauch** schälen und fein hacken. Die **Zitrone** heiß waschen, trocken tupfen und 2 TL Schale abreiben. Die **Pimentkörner** in einem Mörser anquetschen. Mit Knoblauch, Zitronenabrieb, **Paprikapulver, Majoran** und **Cayennepfeffer** zum Fleisch geben und unterrühren. Dann **Rinderbrühe** und **Lorbeerblätter** hinzufügen. Mit Salz und **Pfeffer** abschmecken.

5. Das Gulasch bei schwacher Hitze mindestens 2 Std. zugedeckt schmoren, dabei gelegentlich umrühren. Falls die Sauce nach 1 Std. 30 Min. noch zu flüssig ist, in den letzten ca. 30 Min. offen weitergaren. Am Ende sollte das Fleisch zart sein, aber noch Biss haben. Die Lorbeerblätter entnehmen und das Gulasch servieren.

RINDERGULASCH VIETNAMESISCHES RINDERGULASCH

Dieses vietnamesische Gulasch lebt von all den Aromen, die man aus der asiatischen Küche kennt: Ingwer, Zitronengras, Kokos, Fisch- und Sojasauce sowie Fünf-Gewürz-Pulver. Die Einkaufsliste ist in diesem Fall etwas länger als sonst, aber es lohnt sich wirklich. Und immerhin kommt dieses Rindergulasch auch mal ganz ohne Rotwein aus.

ZUTATEN

(4)

1 kg	Rindergulasch
5	Knoblauchzehen
20 g	Ingwer (ca. 2 cm Länge)
5 EL	Fischsauce
1 EL	Fünf-Gewürz-Pulver
1 TL	brauner Zucker
3	Stängel Zitronengras
5	Schalotten
4	Kardamomkapseln
1	getrocknete Chilischote
1	Zimtstange
4 EL	neutrales Pflanzenöl
5 EL	Tomatenmark
1 TL	edelsüßes Paprikapulver
750 ml	Kokoswasser (ersatzweise 70 ml ungesüßte Kokosmilch + 680 ml Wasser)
	Salz | Pfeffer
300 g	dünne Möhren
3–4 EL	Sojasauce
2	Limetten
1	rote Zwiebel
2–3	Stängel Minze

ZUBEREITUNG 50 MIN. • MARINIEREN 30 MIN. • SCHMOREN 2 STD.

1. Das **Fleisch** trocken tupfen und bei Bedarf in mundgerechte Stücke schneiden. Für die Marinade 2 **Knoblauchzehen** und den **Ingwer** schälen und fein würfeln. Beides mit der **Fischsauce,** dem **Fünf-Gewürz-Pulver** und dem **Zucker** verrühren. Das Fleisch damit vermengen und ca. 30 Min. marinieren lassen.

2. Inzwischen das **Zitronengras** jeweils von den beiden Enden und den harten äußeren Blättern befreien, waschen und sehr fein hacken. Die **Schalotten** und die restlichen 3 **Knoblauchzehen** schälen und fein würfeln. **Kardamom, Chilischote** und **Zimt** in einer kleinen Pfanne ohne Fett rösten, bis die Gewürze duften.

3. Das **Öl** in einem Bräter erhitzen. Zitronengras, Knoblauch und Schalotten darin glasig dünsten. Das Fleisch mitsamt Marinade zugeben und 6–8 Min. rundum anbraten. **Tomatenmark** unterrühren und ca. 2 Min. mitrösten. **Paprikapulver** und die gerösteten Gewürze zugeben, mit **Kokoswasser** auffüllen. Mit **Salz** und **Pfeffer** würzen und das Gulasch bei schwacher Hitze ca. 2 Std. zugedeckt schmoren, dabei gelegentlich umrühren.

4. Inzwischen **Möhren** putzen, schälen und schräg in ca. 2 cm breite Stücke schneiden. Nach ca. 1 Std. 30 Min. Schmorzeit die Möhren und die **Sojasauce** zum Gulasch geben. Die **Limetten** auspressen, die **Zwiebel** schälen und in feine Streifen schneiden. Beides mit 1 Prise Salz mischen und ca. 10 Min. ziehen lassen.

5. Die **Minze** waschen und trocken schütteln, die Blätter grob zerschneiden. Gewürze entnehmen und das Gulasch mit Minze und Limetten-Zwiebeln garnieren. Dazu passt Baguette oder Reis.

MANDELN

Mandeln sind keine Nüsse, sie gehören botanisch zu den Rosengewächsen und sind vielmehr Steinfrüchte. In den folgenden Rezepten verwende ich Mandeln sowohl für süße als auch für herzhafte Gerichte und in unterschiedlicher Form: ganz, gemahlen oder püriert.

KALTE MANDELSUPPE
TÜRKISCHER MANDELPUDDING
MANDEL-CANTUCCINI

MANDELN

KALTE MANDELSUPPE

Diese Mandelsuppe, auch als weißer Gazpacho bekannt, ist eine erfrischende spanische Delikatesse für heiße Sommertage. Die Kombi von gerösteten, pürierten Mandeln mit Gurke, Sherry-Essig und Knoblauch ist nicht alltäglich und bringt Schwung in die Alltagsküche.

ZUTATEN

4 Portionen

200 g	Mandeln
100 g	Weißbrot vom Vortag (ohne Rinde)
½	Salatgurke
2	Knoblauchzehen
100 g	grüne kernlose Trauben
200 ml	Olivenöl
2 EL	Sherry-Essig
	Salz

Außerdem:

150 g	Eiswürfel
	Olivenöl zum Beträufeln

ZUBEREITUNG 30 MIN. • KÜHLEN 2 STD.

1. Wasser in einem Topf aufkochen. Die **Mandeln** hineingeben und ca. 30 Sek. blanchieren. In ein Sieb abgießen und kalt abschrecken. Die Mandeln aus den braunen Häutchen drücken, auf einem sauberen Küchentuch ausbreiten und trocken tupfen.

2. Die Mandeln in einer Pfanne ohne Fett rösten, bis sie etwas Farbe haben. Auf einem Teller abkühlen lassen und 8 Mandeln für die Garnitur beiseitelegen.

3. Das **Weißbrot** ca. 10 Min. in etwas Wasser einweichen. Inzwischen die **Gurke** und die **Knoblauchzehen** schälen und klein hacken. Die **Trauben** waschen und trocken tupfen, 8 Trauben für die Garnitur beiseitelegen.

4. Das Brot etwas ausdrücken, grob zerkleinern und in einen Mixer geben. Die Mandeln mit 1 Schuss Wasser dazugeben und alles fein pürieren.

5. Dann Gurke, Knoblauch, die Trauben, das **Olivenöl,** den **Essig** sowie die **Eiswürfel** und 500 ml kaltes Wasser in den Mixer dazugeben und alles glatt mixen. Die Mandelsuppe mit **Salz** und Essig abschmecken und mindestens 2 Std. kalt stellen.

6. Die beiseitegelegten **Trauben** halbieren. Die Mandelsuppe am besten in flachen, gekühlten Suppenschalen anrichten. Mit den Traubenhälften, den übrigen gerösteten **Mandeln** und ein paar Spritzern **Olivenöl** garnieren.

Mandeln

Türkischer Mandelpudding

Pudding aus der Tüte kommt bei mir nicht mehr in die Tüte – seit ich diesen traditionellen türkischen Mandelpudding probiert habe. Er vereint die Aromen von gemahlenen Mandeln und duftigem Rosenwasser. Die knusprigen Kokosraspel und die saftigen Granatapfelkerne verleihen ihm zudem eine unwiderstehliche Textur.

Zutaten

4

100 g	gemahlene Mandeln
400 ml	Milch
50 g	Reismehl
80 g	Puderzucker
	Salz
2 EL	Kokosraspel
2	Eigelb
2–3 TL	Rosenwasser (Orientladen oder Apotheke)
1	Granatapfel

Zubereitung 30 Min. • Kühlen 1 Std.

1. Die gemahlenen **Mandeln** mit ca. 150 ml **Milch** verrühren, sodass eine geschmeidige Masse entsteht. In einer zweiten kleinen Schüssel das **Reismehl** mit 100 ml Wasser glatt rühren.

2. Die restliche **Milch** (250 ml) mit dem **Puderzucker** und 1 Prise **Salz** in einem Topf zum Kochen bringen, dann den Topf vom Herd nehmen. Nacheinander die Reismehlmischung, die Mandelmischung und die **Kokosraspel** mit einem Schneebesen einrühren. Alles nochmals bei schwacher Hitze unter Rühren aufkochen und andicken lassen.

3. Den Topf vom Herd nehmen und die **Eigelbe** unter ständigem Rühren zugeben. Bei schwacher Hitze ohne Aufkochen ca. 1 Min. mit einem Schneebesen rühren. Das **Rosenwasser** untermischen und den Pudding abschmecken.

4. Den Mandelpudding in vier Dessertschalen füllen und abkühlen lassen. Im Kühlschrank in ca. 1 Std. fest werden lassen.

5. Inzwischen den **Granatapfel** mit einem scharfen Messer halbieren und die Kerne herauslösen (am besten unter Wasser). Den Mandelpudding mit den Granatapfelkernen garnieren.

Mandel-Cantuccini

Diese Mandelkekse mit Biss stammen aus der Toskana. Traditionell sind sie die perfekte Begleitung zu einem Espresso oder einem Gläschen Vin Santo, einem süßen Dessertwein. Sie verschwinden erfahrungsgemäß zu schnell – also am besten gleich in größerer Menge zubereiten. Ansonsten bleiben sie auch problemlos zwei Monate frisch.

4 Zutaten

50 g	Butter
2	Vanilleschoten
500 g	Mehl
350 g	Zucker
2 TL	Backpulver
2 EL	Mandellikör (z. B. Amaretto)
	Salz
4	Eier (M)
400 g	Mandeln

Außerdem:
Mehl zum Arbeiten
Backpapier für die Bleche

Zubereitung 30 Min. • Kühlen 30 Min. • Backen 25 Min.

1. Die **Butter** aus dem Kühlschrank nehmen und Raumtemperatur annehmen lassen. Die **Vanilleschoten** längs aufschneiden und das Mark mit einem Messer herauskratzen.

2. Das Vanillemark mit **Mehl, Zucker, Backpulver, Mandellikör,** 1 Prise **Salz**, der zimmerwarmen Butter und den **Eiern** zu einem klebrigen Teig verkneten. Die **Mandeln** untermengen. Den Teig mit etwas **Mehl** zu einer Kugel formen und zugedeckt für mindestens 30 Min. in den Kühlschrank stellen.

3. Inzwischen zwei Backbleche mit **Backpapier** auslegen und den Backofen auf 200° vorheizen. Den Teig in zehn etwa gleich große Stücke teilen. Auf einer bemehlten Arbeitsfläche aus jedem Teigstück eine ca. 25 cm lange Rolle formen.

4. Jeweils fünf Teigrollen mit etwas Abstand auf die beiden Bleche legen und beide gleichzeitig im heißen Backofen (Mitte und unten) ca. 15 Min. backen. Herausnehmen und abkühlen lassen, den Ofen nicht ausschalten.

5. Jede Teigrolle schräg in ca. 1 cm dicke Scheiben schneiden. Die Cantuccini mit einer Schnittfläche nach oben auf den Backblechen verteilen. Im heißen Backofen (Mitte) in ca. 10 Min. goldbraun fertig backen. Herausnehmen und abkühlen lassen. Am besten in einer geschlossenen Blechdose aufbewahren.

MÖHREN

Wer heutzutage seine Lieben mit einem Möhren-Gericht beglücken möchte, der muss sich ordentlich ins Zeug legen. Deshalb kommen hier gleich drei Varianten mit fantastischen Aromen: orientalisch gewürzt mit Honig und Orangenwasser, indisch angehaucht mit Curry, Ingwer und Kokosmilch und zuletzt italienisch abgeschmeckt mit Minze, Knoblauch und Balsamico.

ORIENTALISCHE HONIG-ORANGENBLÜTEN-MÖHREN
KOKOS-MÖHRENSUPPE
MARINIERTE PFEFFERMINZ-MÖHREN

Orientalische Honig-Orangenblüten-Möhren

Dieses Rezept ist eine köstliche Mischung aus orientalischen Gewürzen, süßem Honig und duftendem Orangenblütenwasser – so werden auch Möhren zum Highlight.

(4) Zutaten

1	große Zwiebel
3	Knoblauchzehen
6 EL	Olivenöl
je 3 TL	gemahlene Kurkuma und gemahlener Kreuzkümmel
je 2 TL	Zimtpulver, Cayennepfeffer und schwarzer Pfeffer
2 EL	flüssiger Honig
900 g	Möhren
1	Bund Koriandergrün
	Salz
3 EL	Orangenblütenwasser (Orientladen oder Apotheke)
1 TL	Zitronensaft
500 g	Naturjoghurt (10 % Fett)

Zubereitung 40 Min.

1. Die **Zwiebel** schälen und in feine Ringe schneiden, den **Knoblauch** schälen und leicht andrücken. Das **Olivenöl** in einer Pfanne erhitzen, die Zwiebel und den Knoblauch darin glasig dünsten. **Kurkuma, Kreuzkümmel, Zimt, Cayennepfeffer, schwarzen Pfeffer** und **Honig** hinzufügen.

2. Die **Möhren** putzen, schälen und schräg in Scheiben schneiden. Mit so viel Wasser in die Pfanne geben, dass sie gerade so bedeckt sind. Zugedeckt in 15–20 Min. weich garen.

3. Inzwischen das **Koriandergrün** waschen und trocken schütteln, die Blätter abzupfen und fein hacken. Die Möhren mit **Salz, Orangenblütenwasser** und **Zitronensaft** abschmecken. Den Knoblauch entnehmen und das Koriandergrün untermischen.

4. Den **Joghurt** in einer Schüssel mit einem Schneebesen cremig rühren und die Honig-Orangenblüten-Möhren damit servieren.

KOKOS-MÖHRENSUPPE

Bei dieser Möhrensuppe geben Kokosmilch, Ingwer und Curry den Ton an. Das schmeckt nicht nur köstlich, sondern ist auch einfach und schnell zubereitet.

④ ZUTATEN

1 kg	Möhren
20 g	Ingwer (ca. 2 cm Länge)
	Salz
2 EL	Olivenöl
3 EL	gelbe Currypaste
1 l	Gemüsebrühe
1	Bund Koriandergrün
2	Bio-Limetten
1	Dose ungesüßte Kokosmilch (400 ml)
	Pfeffer
	Chilipulver

ZUBEREITUNG 30 MIN.

1. Die **Möhren** putzen und mit dem **Ingwer** schälen. Beides klein würfeln und mit 1 Prise **Salz** in einem Topf mit dem **Olivenöl** ca. 3 Min. unter Rühren braten. Die **Currypaste** kurz mitbraten.

2. Die **Brühe** dazugießen und die Möhren in ca. 15 Min. bei mittlerer Hitze darin weich köcheln. Inzwischen das **Koriandergrün** waschen, trocken schütteln und die Blättchen abzupfen. 1 **Limette** heiß waschen, trocken tupfen und in dünne Scheiben schneiden.

3. Die Suppe fein pürieren. Die **Kokosmilch** dazugießen, dabei 4 EL Kokosmilch zurückbehalten. Nach Geschmack die Suppe weiter einkochen lassen oder mit etwas Brühe verdünnen.

4. Die zweite **Limette** auspressen. Die Suppe mit dem Limettensaft, Salz, **Pfeffer** und **Chilipulver** abschmecken. Auf vier tiefe Teller verteilen und je 1 EL **Kokosmilch** daraufträufeln. Mit Koriander bestreuen und mit den Limettenscheiben garnieren.

Marinierte Pfefferminz-Möhren

Diese italienische Variante muss man einfach ausprobieren. Die Möhren werden mit frischer Minze, gerösteten Pinienkernen, einer Knoblauchnote und einer süßsauren Vinaigrette verfeinert. Sollte öfter auf den Teller kommen, finde ich.

(4) Zutaten

500 g	Möhren
2 EL	Pinienkerne
1	Knoblauchzehe
2	Stängel Minze
2 EL	Aceto balsamico
1 EL	flüssiger Honig
3 EL	Olivenöl
	Salz | Pfeffer

Zubereitung 30 Min. • Marinieren 30 Min.

1. Die **Möhren** putzen, schälen und in dünne Scheiben schneiden. In kochendem Wasser ca. 3 Min. blanchieren, sodass sie noch leicht bissfest sind. Abgießen und abkühlen lassen.

2. Inzwischen die **Pinienkerne** in einer kleinen Pfanne ohne Fett leicht braun rösten. Den **Knoblauch** schälen und fein hacken. Die **Minze** waschen, trocken schütteln und die Blätter fein hacken. Die Möhren in einer Schüssel mit der Minze, den Pinienkernen und dem Knoblauch vermischen.

3. Den **Balsamessig** in einer kleinen Pfanne erhitzen, den **Honig** zugeben und den Essig leicht eindicken lassen. Die warme Balsamico-Mischung über die Möhren gießen. Das **Olivenöl** dazugießen und alles gut vermengen. Mit **Salz** und **Pfeffer** würzen.

4. Die Möhren mindestens 30 Min. marinieren lassen, damit sich die Aromen gut entfalten.

ZUCCHINI

In der italienischen Sprache ist »zucchino« die Verkleinerungsform von »zucca«: Kürbis. Tatsächlich gehören Zucchini zur Familie der Kürbisgewächse. Das erklärt, warum sie geschmacklich eher zurückhaltend und deshalb auf Würze angewiesen sind – von süß bis sauer ist alles möglich.

ZUCCHININUDELN MIT PESTO
ROHER ZUCCHINISALAT
ZUCCHINIKUCHEN

ZUCCHINI

ZUCCHININUDELN MIT PESTO

Aus Zucchini lassen sich ganz einfach »Zoodles« zubereiten: Sehen aus wie Nudeln, schmecken fast wie Nudeln und man kann sie guten Gewissens ohne Zucchini-Sauce genießen.

④ ZUTATEN

800 g	Zucchini
100 g	Pinienkerne
1	Bund Basilikum
3	Knoblauchzehen
50 g	Parmesan
7 EL	Olivenöl
	Salz | Pfeffer
250 g	Kirschtomaten
1	Bio-Zitrone

ZUBEREITUNG 30 MIN.

1. Die **Zucchini** waschen und trocken tupfen, Stielansätze und Enden abschneiden. Die Zucchini mit einem Julienne- oder Spiralschneider in lange Streifen schneiden, die entweder wie Spaghetti oder wie Bandnudeln aussehen.

2. Die **Pinienkerne** in einer kleinen Pfanne ohne Fett bei mittlerer Hitze rösten, bis sie hellbraun sind. **Basilikum** waschen, trocken schütteln und die Blätter abzupfen. Den **Knoblauch** schälen und grob würfeln. Den **Parmesan** reiben.

3. Für das Pesto die Hälfte der Pinienkerne, Basilikum (etwas für die Garnitur zurückbehalten), Knoblauch, 5 EL **Olivenöl** und je ¼ TL **Salz** und **Pfeffer** in einem hohen Rührbecher mit einem Pürierstab zu einer feinen Paste pürieren. Den Parmesan unterrühren und das Pesto nach Belieben mit Salz abschmecken.

4. Die **Tomaten** waschen und halbieren. Das restliche **Öl** (2 EL) in einer großen Pfanne erhitzen und die Tomaten kurz darin andünsten. Dann die Zucchininudeln zugeben und ca. 5 Min. bei mittlerer Hitze garen, dabei öfter wenden. Inzwischen die **Zitrone** heiß waschen, trocken tupfen und den Abrieb dazugeben.

5. Die Zucchininudeln mit dem Pesto vermengen. Auf vier Teller verteilen, mit den übrigen Pinienkernen und Basilikum garnieren.

Meine Tipps

Zoodles lassen sich nicht nur aus Zucchini machen – auch Möhren oder Rote Bete sind dafür geeignet. Und das Pesto schmeckt auch mit Rucola und Walnüssen.

ZUCCHINI

Roher Zucchinisalat

Jeder kann etwas gegen die Herderwärmung tun: zum Beispiel einen rohen Zucchinisalat. Schmeckt erfrischend, ist schnell zubereitet und in seiner Einfachheit fast ungewöhnlich.

4 Zutaten

4	Zucchini
1	Bio-Zitrone
4 EL	Olivenöl
	Salz | Pfeffer

Zubereitung 15 Min. • Ruhen 2 Std.

1. Die **Zucchini** waschen und trocken tupfen, Stielansätze und Enden wegschneiden. Mit einem Sparschäler oder Spiralschneider in lange dünne Streifen schälen und in eine Schüssel geben.

2. Die **Zitrone** heiß waschen und trocken tupfen, etwas Schale abreiben und den Saft auspressen. Den Zitronensaft und das **Olivenöl** zu den Zucchini geben und untermengen. Die Zucchini mit **Salz** und **Pfeffer** abschmecken.

3. Den Zitronenabrieb auf die Zucchini geben und den Zucchinisalat mindestens 2 Std. im Kühlschrank durchziehen lassen.

Zucchinikuchen

Auch wer keine Zucchini mag, kann sie hervorragend in einem Kuchen verstecken: Sie sorgen dafür, dass der Kuchen lecker und vor allem schön saftig wird. Einen Rüblikuchen mit Möhren kennt jedes Kind – warum also nicht mal Zucchinikuchen ausprobieren?

(12) Zutaten

4	Eier (M)
400 g	Zucchini
1	Bio-Zitrone
250 ml	neutrales Pflanzenöl
200 g	Zucker
200 g	gemahlene Mandeln
250 g	Mehl
2 TL	Backpulver
1 TL	Zimtpulver
	Salz
200 g	Puderzucker

Außerdem:
Kastenform (ca. 30 cm lang)
neutrales Pflanzenöl und
Semmelbrösel für die Form

Zubereitung 40 Min. • Backen 50 Min.

1. Den Ofen auf 200° vorheizen. Die **Kastenform** mit etwas **Öl** fetten und mit **Semmelbröseln** ausstreuen. Die **Eier** trennen und die Eiweiße steif schlagen. Die **Zucchini** waschen und trocken tupfen, Enden abschneiden und die Zucchini grob raspeln. Die **Zitrone** heiß waschen, trocken tupfen und die Schale abreiben.

2. Das **Öl** und den **Zucker** mit den Rührbesen eines Handrührgeräts gründlich verrühren. Dann Eigelbe, Zucchiniraspel, **Mandeln** und Zitronenabrieb unterrühren. Das **Mehl** mit dem **Backpulver**, dem **Zimt** und 1 Prise **Salz** vermischen und unter die Zucchini-Mischung rühren. Die Eiweiße vorsichtig unterheben.

3. Den Teig in die Kastenform geben und den Zucchinikuchen im heißen Ofen (Mitte) ca. 50 Min. backen. Danach abkühlen lassen und aus der Form nehmen. Aus der Zitrone 5 TL Saft auspressen und mit dem **Puderzucker** glatt rühren. Den Zuckerguss vorsichtig über den Kuchen gießen.

HACK-
FLEISCH

Ob Köttbullar, Cevapcici, Meatballs oder Königsberger Klopse: Hackfleisch ist vermutlich der Hauptnenner in der internationalen Küche. Bei der riesigen Auswahl an Möglichkeiten empfehle ich die italienische, amerikanische und mexikanische Küche – mit ihren jeweils besten Rezepten.

PASTA AL RAGÙ BOLOGNESE
KLASSISCHE BURGER MIT WÜRZIGER SAUCE
MEXIKANISCHE BURRITOS

HACKFLEISCH

PASTA AL RAGÙ BOLOGNESE

Wer mag keine Sauce Bolognese? Leider bekommt man meist nur Tomaten, Hackfleisch und eine Kräutermischung. Ich habe mich durch viele Rezepte probiert, dieses Ragù ist mein absoluter Favorit. Es kocht sich fast von selbst! Man benötigt nur etwas Zeit fürs Schmoren – und darf sich nicht über Milch, Zimt und Weißwein wundern.

(4) ZUTATEN

1	große Zwiebel
4	Möhren
3	Stangen Staudensellerie
1 EL	neutrales Pflanzenöl
50 g	Butter
500 g	Rinderhackfleisch
	Salz | Pfeffer
125 ml	Vollmilch
1	Prise frisch geriebene Muskatnuss
1 TL	Zimtpulver
125 ml	trockener Weißwein
1	Dose geschälte Tomaten (400 g)
500 g	Nudeln (z. B. Pappardelle oder andere Eiernudeln)

Außerdem:
Parmesan zum Servieren

ZUBEREITUNG 30 MIN. • SCHMOREN 2 STD. 30 MIN.

1. Die **Zwiebel** und die **Möhren** schälen und in kleine Würfel schneiden. Den **Staudensellerie** waschen und putzen, gegebenenfalls entfädeln und ebenfalls klein würfeln.

2. Das **Öl** und die **Butter** in einem schweren Topf erhitzen. Die Zwiebeln darin bei mittlerer Hitze unter Rühren glasig anschwitzen. Sellerie- und Möhrenwürfel ca. 2 Min. mitdünsten.

3. Das **Hackfleisch** dazugeben und mit 1 großen Prise **Salz** und etwas **Pfeffer** unter Rühren so lange anbraten, bis es braun und krümelig ist. Die **Milch, Muskatnuss** und **Zimt** hinzufügen und unter häufigem Rühren so lange köcheln lassen, bis die Milch völlig verdampft ist.

4. Den **Weißwein** dazugießen und unter Rühren langsam verdampfen lassen. Die **Tomaten** unterrühren. Hitze reduzieren und die Sauce bei mittlerer Hitze mindestens 2 Std. 30 Min. zugedeckt köcheln, dabei gelegentlich umrühren. Falls die Flüssigkeit dabei verdampft, etwas Wasser nachgießen (zuletzt sollte jedoch keine Flüssigkeit mehr vorhanden sein). Mit Salz abschmecken.

5. Inzwischen die **Nudeln** nach Packungsanweisung in reichlich Salzwasser bissfest kochen. Den **Parmesan** reiben. Die Nudeln in ein Sieb abgießen, abtropfen lassen und in einer Servierschüssel mit dem Ragù vermischen. Mit dem Parmesan servieren.

HACKFLEISCH

Klassische Burger mit würziger Sauce

Ein richtiger Burger ist etwas grundlegend anderes als unsere Fleischpflanzerl-Semmel. Sein volles Aroma entfaltet so ein Burger mit einem ganz puristischen Patty, das weder Ei noch Brot enthält, sondern ausschließlich Hackfleisch und Gewürze. Begleitet wird es von einer herzhaften Sauce und einigen frischen Zutaten, die noch für ein paar Vitamine sorgen.

Zutaten

4 Portionen

Für den Belag:

- 1 große Zwiebel
- 1 Fleischtomate
- 1 Gewürzgurke (aus dem Glas)
- 4 Blätter Kopfsalat
- 4 Scheiben Cheddar

Für die Pattys:

- 600 g Rinderhackfleisch
- 1 Prise Zucker
- Salz | Pfeffer
- 2 EL neutrales Pflanzenöl

Für die Sauce:

- 2 EL Mayonnaise
- 3 EL Ketchup
- 1 EL Senf
- 1 TL Worcester-Sauce
- 1 EL Ahornsirup
- 1 TL edelsüßes Paprikapulver
- Salz | Pfeffer

Außerdem:

- 4 Burgerbrötchen (Buns)

Zubereitung 40 Min.

1. Für den Belag die **Zwiebel** schälen und in feine Ringe schneiden. Die **Tomate** waschen und in Scheiben schneiden, dabei den Stielansatz entfernen. Die **Gewürzgurke** ebenfalls in Scheibchen schneiden. Die **Salatblätter** waschen und trocken tupfen.

2. Für die Pattys das **Hackfleisch** in einer Schüssel mit **Zucker, Salz** und **Pfeffer** verkneten. Aus der Masse vier flache Pattys formen, die jeweils etwas größer sind als die Burgerbrötchen. In die Mitte der Pattys mit dem Zeigefinger eine Mulde drücken, damit sie beim Grillen oder Braten ihre flache Form behalten.

3. Für die Sauce **Mayonnaise, Ketchup, Senf, Worcester-Sauce, Ahornsirup** und **Paprikapulver** verrühren und mit **Salz** und **Pfeffer** abschmecken. Die Sauce beiseitestellen.

4. Die Burger-Pattys entweder auf einem Grill garen oder in einer mit **Öl** ausgepinselten Grillpfanne pro Seite 4–5 Min. bei mittlerer Hitze braten (nach gewünschtem Gargrad). In der letzten Minute 1 Scheibe **Cheddar** auf jedes Patty legen und schmelzen lassen.

5. Inzwischen die **Burgerbrötchen** auf dem Grill oder im Ofen kurz rösten, bis sie leicht knusprig sind. Die untere Hälfte jedes Brötchens mit etwas Sauce bestreichen.

6. Die Burger zusammenstellen: Mit jeweils 1 Blatt Kopfsalat beginnen, gefolgt von je 1 Patty mit geschmolzenem Cheddar, der restlichen Burgersauce, Zwiebelringen, Tomatenscheiben und Gewürzgurken. Zuletzt mit der oberen Hälfte des Brötchens abdecken. Die Burger gleich servieren. Dazu passt Salat.

Mexikanische Burritos

Eigentlich ist dieses beliebte mexikanische Gericht ein »Chili con Carne to go«: eine würzige Hackfleischfüllung mit Sauce in einem weichen Tortilla-Wrap. Aber die überbackenen Burritos genieße ich dann doch lieber zu Hause – damit man sie besser dippen kann.

Zutaten

4 Personen

Für die Füllung:

je 1	kleine Dose Maiskörner und Kidneybohnen (à 140 g Abtropfgewicht)
1	rote Paprika
1	Zwiebel
5 EL	Olivenöl
500 g	gemischtes Hackfleisch
300 g	stückige Tomaten (aus der Dose)
2 EL	Tomatenmark
	Salz | Pfeffer
je ½ TL	Cayennepfeffer und gemahlener Kreuzkümmel
4 EL	Crème fraîche
150 g	geriebener Käse (z. B. Gouda)

Für den Dip:

2	reife Avocados
4 EL	Limettensaft
	Salz | Pfeffer
	Chilipulver

Außerdem:

	Fett für die Form
4	Weizen-Tortillas (Fertigprodukt, à 25–30 cm Ø)

Zubereitung 45 Min.

1. Für die Füllung den **Mais** und die **Kidneybohnen** in ein Sieb abgießen und abtropfen lassen. Die **Paprika** waschen, halbieren, von weißen Trennwänden und Kernen befreien und in kleine Streifen schneiden. Die **Zwiebel** schälen und klein würfeln.

2. Das **Öl** in einer großen Pfanne erhitzen und die Zwiebel darin glasig dünsten. Dann das **Hackfleisch** zugeben und scharf anbraten. Die Paprikastreifen hinzufügen und alles ca. 5 Min. garen, bis das Fleisch durchgebraten ist.

3. Mais, Kidneybohnen, **Tomaten** und **Tomatenmark** dazugeben. Alles mit **Salz, Pfeffer, Cayennepfeffer** und **Kreuzkümmel** würzen und die Mischung so lange offen einkochen lassen, bis die Flüssigkeit verdampft ist. Mit Salz und Pfeffer abschmecken.

4. Inzwischen den Backofen auf 180° vorheizen. Eine ofenfeste flache Form **fetten**. Die **Weizen-Tortillas** mit jeweils 1 EL **Crème fraîche** bestreichen und mit etwas **Käse** bestreuen.

5. Die Bohnen-Mais-Mischung darauf verteilen. Die Tortillas zu Burritos aufrollen und nebeneinander mit der Naht nach unten in die Form legen. Eventuell übrige Füllung dazwischen verteilen und alles mit dem restlichen Käse bestreuen. Im heißen Backofen (Mitte) ca. 5 Min. überbacken, bis der Käse zerlaufen ist.

6. Inzwischen für den Dip die **Avocados** längs halbieren, die Kerne entfernen und das Fruchtfleisch herauslösen. Mit einer Gabel zerdrücken und mit **Limettensaft, Salz, Pfeffer** und etwas **Chilipulver** abschmecken. Zu den Burritos servieren.

KICHER-ERBSEN

Kichererbsen sind lecker und ein wertvoller Bestandteil unserer Ernährung. In vielen Regionen der Erde zählen sie zu den Grundnahrungsmitteln: Sie sind gesund und sättigen wunderbar. Die Hülsenfrüchte sind zudem eine erstklassige Proteinquelle, nicht nur für Vegetarier und Veganer. Mit ihrem milden, nussigen Aroma lassen sie sich auf vielfältige Weise zubereiten.

KLASSISCHE FALAFELN
KICHERERBSEN-KOKOS-CURRY
ORIENTALISCHER KICHERERBSENSALAT

KICHERERBSEN

KLASSISCHE FALAFELN

Falafeln lassen sich auch gut zu Hause zubereiten! Getrocknete, eingeweichte Kichererbsen werden zu einem Teig verarbeitet und mit Kräutern und Gewürzen verfeinert. Die knusprigen Bällchen haben es in sich – das authentische Aroma des Nahen Ostens. Dass sie vegetarisch, vegan und nahezu glutenfrei sind, fällt dabei gar nicht auf.

ZUTATEN

(4 Portionen)

200 g	getrocknete Kichererbsen
1 TL	Natron
1	große rote Zwiebel
3	Knoblauchzehen
je ½	Bund glatte Petersilie und Koriandergrün
2–3	Stängel Minze
½	Zitrone
1	geh. EL Mehl (20 g)
je 1 TL	gemahlener Koriander und Kreuzkümmel
je ½ TL	Chili- und Zimtpulver
	Salz | Pfeffer (nach Belieben)
1 TL	Backpulver
2 EL	heller Sesam

Außerdem:
neutrales Pflanzenöl zum Ausbacken

ZUBEREITUNG 40 MIN. • EINWEICHEN 12 STD. (ÜBER NACHT) • RUHEN 1 STD.

1. Die **Kichererbsen** in einer großen Schüssel mit 600 ml Wasser bedecken und das **Natron** zugeben. Mindestens 12 Std. (über Nacht) einweichen lassen.

2. Die Kichererbsen in ein Sieb abgießen, mit kaltem Wasser gründlich abbrausen und abtropfen lassen. Die **Zwiebel** und den **Knoblauch** schälen und in grobe Stücke schneiden. Die **Kräuter** waschen und trocken schütteln, die Blättchen grob hacken. Die **Zitrone** auspressen.

3. Kichererbsen, Zwiebel, Knoblauch, Kräuter, Zitronensaft, **Mehl, Gewürze** und nach Belieben **Salz** und **Pfeffer** in einer Küchenmaschine pürieren. Dabei die Masse mit einem Schaber immer wieder nach unten schieben und mehrmals mixen, bis sie gleichmäßig ist und gut zusammenhält. Das **Backpulver** untermischen. Das Kichererbsenmus in eine große Schüssel geben, den **Sesam** gut untermengen und mindestens 1 Std. zugedeckt im Kühlschrank ruhen lassen.

4. Aus dem Kichererbsenmus mit zwei angefeuchteten Esslöffeln ca. 15 walnussgroße Bällchen oder Nocken formen.

5. In einer großen Pfanne ca. ½ cm hoch **Pflanzenöl** erhitzen (das Öl ist heiß genug, wenn an einem hineingehaltenen Holzlöffelstiel Bläschen aufsteigen). Die Bällchen darin portionsweise ca. 3 Min. pro Seite bei mittlerer Hitze frittieren, bis sie knusprig und goldbraun sind. Die Falafeln aus der Pfanne nehmen, auf Küchenpapier abtropfen lassen und servieren.

Und dazu?

Falafeln schmecken am besten klassisch: mit frischem Salat und im Pita- bzw. Fladenbrot. Als Sauce passt Hummus, Sesamsauce oder eine Joghurtsauce mit viel Knoblauch.

Kichererbsen-Kokos-Curry

Dieses Rezept ist ein Geschmacksbeweis dafür, wie lecker und vielseitig Kichererbsen als Fleischersatz sein können. Die exotischen Noten von Kokos, Ingwer, Curry, Zimt und Limette finden hier auf ganz besondere Weise zusammen.

Zutaten

4 Personen

2	Gläser Kichererbsen (à 250 g Abtropfgewicht)
2–3	Schalotten (ca. 50 g)
2	Knoblauchzehen
10 g	Ingwer (1–2 cm Länge)
2 TL	Currypulver
2 TL	brauner Zucker
1 TL	gemahlener Kreuzkümmel
1	Prise Chiliflocken
	Salz
1	Zimtstange
200 g	Basmatireis
2 EL	Olivenöl
1	Dose geschälte Tomaten (400 g)
1	Dose ungesüßte Kokosmilch (400 g)
1–2	Stängel Koriandergrün
	Pfeffer
1	Spritzer Limettensaft

Zubereitung 20 Min.

1. Die **Kichererbsen** in ein Sieb abgießen, gründlich abbrausen und gut abtropfen lassen. **Schalotten** und **Knoblauch** schälen und klein würfeln. Den **Ingwer** schälen und fein reiben.

2. Currypulver, Zucker, Kreuzkümmel, Chiliflocken, 1 Prise **Salz** und die **Zimtstange** in einer Tasse vermischen.

3. Den **Reis** in einem Sieb kalt abbrausen, bis das ablaufende Wasser klar bleibt. In einem Topf 500 ml Wasser zum Kochen bringen, 1 TL Salz zugeben, den Reis einrühren. Bei schwacher Hitze 15–20 Min. zugedeckt köcheln lassen (Deckel nicht öffnen). Topf vom Herd nehmen und den Reis mit einer Gabel auflockern.

4. Inzwischen das **Olivenöl** in einer großen Pfanne bei mittlerer Hitze erhitzen und die Schalotten darin glasig andünsten. Knoblauch, Ingwer und die Curry-Gewürzmischung dazugeben, alles ca. 30 Sek. anbraten.

5. Die geschälten **Tomaten** mit einem Messer grob zerkleinern. Mit **Kokosmilch** und Kichererbsen in die Pfanne dazugeben. Alles gut vermengen und zum Kochen bringen. Das Curry in ca. 10 Min. offen einköcheln lassen.

6. Das **Koriandergrün** waschen, trocken schütteln und die Blättchen klein schneiden. Das Kichererbsen-Kokos-Curry mit Salz, **Pfeffer** und **Limettensaft** abschmecken. Die Zimtstange entfernen. Das Curry mit dem Reis auf Tellern anrichten, mit dem Koriandergrün bestreuen und servieren.

KICHERERBSEN

Orientalischer Kichererbsensalat

Dieser farbenfrohe Kichererbsensalat vereint knusprig gebratene Auberginen, herzhafte Tomaten und würzigen Feta. Dazu gesellen sich Sesam, Rosinen und Rosmarin – und alle zusammen werden mit einem erfrischenden Zitronen-Senf-Dressing abgerundet.

Zutaten

4 Personen

1	Aubergine
6 EL	Olivenöl
	Chiliflocken
	Salz | Pfeffer
1	Dose Kichererbsen (ca. 240 g Abtropfgewicht)
1	Knoblauchzehe
30 g	Rosinen
1 EL	heller Sesam
1	Zweig Rosmarin
3 EL	Zitronensaft
1 TL	mittelscharfer Senf
1	Handvoll Rucola
250 g	Kirschtomaten
100 g	Schafskäse (Feta)

Zubereitung 20 Min.

1. Die **Aubergine** waschen, putzen und quer in ca. 1 cm dicke Scheiben schneiden. In einer Pfanne 2 EL **Olivenöl** erhitzen und die Auberginenscheiben darin bei mittlerer Hitze von beiden Seiten in ca. 6 Min. goldbraun braten. Dann auf Küchenpapier abtropfen lassen und mit **Chiliflocken, Salz** und **Pfeffer** würzen.

2. Inzwischen die **Kichererbsen** in ein Sieb abgießen, kalt abbrausen und gut abtropfen lassen. Den **Knoblauch** schälen und fein hacken. In einer Pfanne 1 EL **Olivenöl** erhitzen und Knoblauch, **Rosinen** und **Sesam** ca. 2 Min. darin anbraten. Die Kichererbsen hinzufügen und alles weitere 2 Min. braten. Mit Salz und Pfeffer würzen.

3. Den **Rosmarin** waschen und trocken schütteln. Die Nadeln abzupfen und fein hacken. Für das Dressing das übrige **Olivenöl** (3 EL) mit **Zitronensaft, Senf** und Rosmarin verquirlen. Mit Salz und Pfeffer abschmecken.

4. Den **Rucola** waschen und trocken schütteln, die **Tomaten** waschen und vierteln. Den **Schafskäse** zerbröseln.

5. Zum Servieren die gebratenen Auberginen in einer Schale anrichten. Kichererbsen, Tomaten, Rucola und Feta darauf verteilen. Den Kichererbsensalat mit dem Dressing beträufeln.

MANGO

Bei Mangos entscheidet die Vollreife der Früchte über ihren Geschmack. Das erkennt man weniger an der (sortenspezifischen) Farbe, vielmehr am intensiven Duft und an den 1–4 mm großen schwarzen Punkte auf der Schale. Mangos lassen sich nicht nur pur, sondern ganz unterschiedlich genießen. Hier kommen meine liebsten Rezepte für Vor-, Haupt- und Nachspeise.

MANGO-MOZZARELLA-CAPRESE
INDISCHES MANGO-CURRY
THAILÄNDISCHER MANGO-KOKOS-REIS

Mango-Mozzarella-Caprese

Tropic meets Italy: Dieser Mango-Mozzarella-Caprese ist eine fruchtige Variante des italienischen Klassikers. Passt als Vorspeise oder als Party-Mitbringsel mit Überraschungseffekt, schmeckt auch mit Minze, Rucola oder Basilikum.

4 Zutaten

2	reife Mangos
2	Kugeln Büffel-Mozzarella (Mozzarella di bufala)
2	Bio-Limetten
1	rote Chilischote
	Salz
2 EL	Zucker
2 EL	Olivenöl
2–3	Stängel Koriandergrün

Zubereitung 15 Min.

1. Die **Mangos** schälen. Das Fruchtfleisch längs vom Kern schneiden und die Stücke quer in Scheiben schneiden. Die **Mozzarella-Kugeln** halbieren, ebenfalls in Scheiben schneiden.

2. Die Mango- und Mozzarella-Scheiben abwechselnd und dachziegelartig auf einem großen Servierteller auslegen.

3. Für das Dressing die **Limetten** heiß waschen und trocken tupfen. Die Schale von 1 Limette abreiben und den Saft beider Limetten auspressen. Die **Chilischote** waschen, halbieren, von weißen Trennwänden und Kernen befreien und in Ringe schneiden.

4. Die Chiliringe mit Limettenabrieb und -saft, **Salz, Zucker** und dem **Olivenöl** zu einem Dressing verrühren.

5. Den Mango-Mozzarella-Caprese mit dem Dressing beträufeln. Das **Koriandergrün** waschen und trocken schütteln. Die Blättchen abzupfen und den Caprese damit garnieren.

Indisches Mango-Curry

MANGO

Alle Achtung: Wenn saftig-süße Mangos, cremige Kokosmilch und eine Fülle bombastischer Gewürze aufeinandertreffen, kann es zu einer Geschmacksexplosion kommen. Die genießt man am besten in netter Gesellschaft.

Zutaten

4 Personen

250 g	Basmatireis
	Salz
1	rote Zwiebel
3	Knoblauchzehen
1	Frühlingszwiebel
1	kleines Glas Kichererbsen (250 g Abtropfgewicht)
2	reife Mangos (ersatzweise 400 g TK-Mangowürfel)
1	Dose ungesüßte Kokosmilch (400 g)
2 EL	neutrales Pflanzenöl
2 EL	Currypulver
2 EL	Garam Masala
1	kleine Zimtstange
250 g	passierte Tomaten (aus dem Tetrapak)
1	Bund Koriandergrün
	Pfeffer
1 TL	Chiliflocken

Außerdem:

Chilipulver zum Servieren (nach Belieben)

Zubereitung 40 Min.

1. Den **Reis** in einem Sieb kalt abbrausen, bis das ablaufende Wasser klar bleibt. 500 ml Wasser in einem Topf zum Kochen bringen, 1 TL **Salz** zugeben und den Reis einrühren. Bei schwacher Hitze 15–20 Min. zugedeckt kochen (Deckel nicht öffnen). Topf vom Herd nehmen und den Reis mit einer Gabel auflockern.

2. Inzwischen die **Zwiebel** und den **Knoblauch** schälen. Zwiebel in feine Ringe schneiden, Knoblauch durchpressen. Die **Frühlingszwiebel** waschen, putzen und in feine Ringe schneiden. Die **Kichererbsen** abgießen, abbrausen und abtropfen lassen. Die **Mangos** schälen und das Fruchtfleisch längs vom Kern schneiden. Die Hälfte davon mit der **Kokosmilch** pürieren. Die zweite Hälfte in gleichmäßige, mundgerechte Stücke schneiden.

3. Das **Öl** in einer beschichteten Pfanne erhitzen. Zwiebel, Knoblauch, **Curry, Garam Masala** und **Zimtstange** darin 2–3 Min. bei mittlerer Hitze andünsten, bis die Gewürze zu duften beginnen.

4. Die passierten **Tomaten** dazugeben und alles kurz köcheln lassen. Das Mango-Kokosmilch-Püree hinzufügen und zugedeckt 3–5 Min. bei mittlerer Hitze köcheln lassen, dabei gelegentlich umrühren. Kichererbsen, Frühlingszwiebel und Mangostücke zum Curry geben. Alles zugedeckt weitere 10 Min. garen.

5. Inzwischen das **Koriandergrün** waschen und trocken schütteln, die Blättchen abzupfen. Das Mango-Curry mit Salz, **Pfeffer** und **Chiliflocken** abschmecken, die Zimtstange entnehmen. Mit dem Reis anrichten und mit dem Koriandergrün garnieren. Nach Belieben **Chilipulver** dazureichen.

Thailändischer Mango-Kokos-Reis

Der »Sticky Rice« mit Mango und süß-salziger Kokosnusscreme ist ein reichhaltiges Dessert, das man so schnell nicht vergessen wird. Die größte Herausforderung bei diesem Rezept besteht darin, hochwertige Mangos zu finden. Der im Supermarkt-Jargon oft verwendete Begriff »genussreif« trifft ja leider nicht immer zu oder ist Interpretationssache.

Zutaten

(4 Personen)

200 g	Klebreis
2 EL	heller Sesam
1	Dose ungesüßte Kokosmilch (400 g)
100 g	Zucker
	Salz
2 TL	Speisestärke
2	Mangos

Zubereitung 30 Min. • Ruhen 1 Std. • Garen 30 Min.

1. Den **Reis** in einer großen Schüssel mit so viel Wasser übergießen, dass er mehrere Zentimeter mit Wasser bedeckt ist. Bei Raumtemperatur ca. 1 Std. (oder über Nacht) stehen lassen. Danach in ein Sieb abgießen, kalt abbrausen und abtropfen lassen. 300 ml Wasser in einem Topf erhitzen. Reis zugeben und bei mittlerer Hitze 25–30 Min. zugedeckt köcheln lassen, bis das Wasser aufgesogen ist.

2. Inzwischen den **Sesam** ohne Fett rösten. Die Hälfte **Kokosmilch** unter häufigem Rühren zum Köcheln bringen. 70 g **Zucker** und 1 große Prise **Salz** einrühren, bis sich beides aufgelöst hat.

3. Den Reis in einer großen Schüssel mit der Kokosmischung übergießen. Gut umrühren, mit Frischhaltefolie abdecken und ca. 20 Min. stehen lassen, bis die Flüssigkeit aufgesogen ist.

4. Inzwischen die übrige **Kokosmilch** bei mittlerer Hitze unter häufigem Rühren zum Köcheln bringen. Die **Speisestärke** mit 3–4 TL heißer Kokosmilch glatt und in die Kokosmilch im Topf rühren. Ca. 3 Min. köchelnd eindicken lassen. Den übrigen **Zucker** (30 g) und 1 große Prise Salz einrühren. Warm halten.

5. Die **Mangos** schälen, das Fruchtfleisch von einer Seite quer im Abstand von je 1,5 cm mehrfach bis zum Stein einschneiden und die Segmente herausschneiden. Mangos wenden und dasselbe wiederholen. Das Fruchtfleisch in Scheiben schneiden.

6. Den Kokosreis neben den Mangoscheiben anrichten. Die Kokoscreme auf den Reis träufeln und mit Sesam garnieren.

GRÜNE BOHNEN

Grüne Bohnen mit Speck interessieren mich nicht mehr die Bohne, seitdem ich sie nach den folgenden Rezepten zubereitet habe. Ob mediterran mit Dill, Zitrone, Pinienkernen und Parmesan, asiatisch mit Ingwer, Sesam, Chili und Kokosblütenzucker oder mit Kürbiskernen, Rettich, Senf und Bohnenkraut. Das Motto lautet: einfach mal was Neues ausprobieren.

MEDITERRANE RÖSTBOHNEN MIT ZITRONE UND DILL
BOHNENSALAT MIT KÜRBISKERNÖL
GEBRATENE GRÜNE BOHNEN NACH ASIATISCHER ART

GRÜNE BOHNEN

MEDITERRANE RÖSTBOHNEN MIT ZITRONE UND DILL

Schluss mit dem Speckbohnen-Einerlei: Knackige Röstbohnen aus dem Backofen mit Zitrone und Dill bringen neuen Schwung auf den Teller. Zusammen mit gerösteten Pinienkernen und Parmesan punktet dieses feine Bohnengemüse mit mediterranem Flair.

ZUTATEN

(4)

600 g	grüne Bohnen
4 EL	Olivenöl
	grobes Meersalz | Pfeffer
1	kleine rote Zwiebel
2	Knoblauchzehen
1	Bio-Zitrone
½	Bund Dill
40 g	Pinienkerne
80 g	Parmesan

Außerdem:

Backpapier für das Blech

ZUBEREITUNG 45 MIN.

1. Den Backofen auf 220° vorheizen und ein Backblech mit **Backpapier** auslegen. Die **Bohnen** putzen und waschen.

2. Die Bohnen in einer verschließbaren Schüssel mit 2 EL **Olivenöl** vermengen, mit **Salz** und **Pfeffer** leicht würzen. Die Schüssel verschließen und gut schütteln (alternativ alles in einer normalen Schüssel gut verrühren). Die Bohnen gleichmäßig nebeneinander auf dem Backblech verteilen.

3. Die Bohnen im heißen Ofen (Mitte) in ca. 15 Min. knackig rösten. Nach der Hälfte der Garzeit einmal wenden.

4. Inzwischen **Zwiebel** und **Knoblauch** schälen und getrennt voneinander fein hacken. Die **Zitrone** heiß waschen und trocken tupfen, die Schale abreiben und den Saft auspressen. Den **Dill** waschen, trocken schütteln und ohne die groben Stiele fein hacken. Die **Pinienkerne** in einer kleinen Pfanne ohne Fett hellbraun rösten. Den **Parmesan** grob oder in Späne hobeln.

5. Für das Dressing den Knoblauch in eine kleine Schüssel geben. Mit 1 TL grobem Meersalz bestreuen und mit dem Zitronensaft verrühren. Den Zitronenabrieb und das restliche **Öl** (2 EL) hinzufügen und alles gut vermengen.

6. Die Bohnen mit Zwiebel und Dill in eine Schüssel geben, mit dem Dressing übergießen und alles gut vermischen. Nach Geschmack mit etwas Pfeffer und Zitronensaft nachwürzen. Die Pinienkerne und den Parmesan darüberstreuen. Die mediterranen Röstbohnen heiß als Gemüse oder kalt als Salat servieren.

Bohnensalat mit Kürbiskernöl

Ein Bohnensalat kommt immer gut an. Würziges Bohnenkraut passt natürlich perfekt dazu, veredelt wird mit Kürbiskernöl und einer Senf-Vinaigrette. Geröstete Kürbiskerne und die frisch-pikante Note des Rettichs runden dieses einfache Gericht perfekt ab.

Zutaten

(4)

½	Handvoll Bohnenkraut
500 g	grüne Bohnen
	Salz
2	Schalotten
1 EL	geröstete Kürbiskerne
½	weißer Rettich
3 EL	Kürbiskernöl
1 TL	scharfer Senf
1 EL	Weißweinessig
	grob gemahlener Pfeffer

Zubereitung 45 Min.

1. Das **Bohnenkraut** waschen und trocken schütteln. Die **Bohnen** putzen und waschen und mit dem Bohnenkraut in leicht **gesalzenem** Wasser in 15–20 Min. bissfest kochen.

2. Inzwischen die **Schalotten** schälen und in feine Ringe schneiden. Die **Kürbiskerne** in einer kleinen Pfanne ohne Fett leicht anrösten. Den **Rettich** putzen, schälen und fein hobeln.

3. Vom Bohnenwasser 3 EL abnehmen und beiseitestellen. Die Bohnen in ein Sieb abgießen. Das Bohnenkraut entnehmen. Für die Vinaigrette das **Kürbiskernöl** mit **Senf, Essig,** Salz und **Pfeffer** verrühren, dabei auch das beiseitegestellte Bohnenwasser untermengen. Das Dressing mit den Bohnen vermischen.

4. Die Schalotten und die gerösteten Kürbiskerne über den Bohnensalat streuen. Den Rettich dazu servieren.

Gebratene grüne Bohnen nach asiatischer Art

Zur Abwechslung lassen sich grüne Bohnen auch auf asiatische Art anbraten – wer keinen Wok hat, nimmt einfach eine Pfanne. Dazu passt gedämpfter Reis oder gebratener Lachs.

4 Zutaten

500 g	grüne Bohnen
1 ½ EL	Olivenöl
20 g	Ingwer (ca. 2 cm Länge)
2	Schalotten
2	Knoblauchzehen
1 EL	heller Sesam
½ EL	geröstetes Sesamöl
2 EL	Sojasauce
½ TL	Kokosblütenzucker (ersatzweise brauner Zucker)
1 EL	Reisweinessig
¼ TL	Chiliflocken

Zubereitung 30 Min.

1. Die **Bohnen** putzen und waschen. In Wok oder Pfanne in 1 EL **Öl** bei mittlerer Hitze unter Rühren ca. 10 Min. braten, bis sie anfangen, braun zu werden. Beiseitestellen, Wok nicht säubern.

2. Den **Ingwer** schälen und fein reiben. **Schalotten** und **Knoblauch** schälen. Schalotten fein hacken, Knoblauch in dünne Scheiben schneiden. **Sesam** in einer Pfanne ohne Fett rösten.

3. Das restliche **Olivenöl** (½ EL) und das **Sesamöl** im Wok erhitzen. Ingwer, Schalotten und Knoblauch dazugeben und bei mittlerer Hitze 2–3 Min. dünsten, bis die Schalotten weich sind. Bohnen mit 60 ml Wasser dazugeben und ca. 2 Min. zugedeckt kochen, bis die Bohnen die gewünschte Konsistenz haben.

4. Sojasauce, Zucker, Essig und **Chiliflocken** dazugeben, gut umrühren und abschmecken. Mit Sesam bestreut servieren.

Register der Rezepte und Hauptzutaten

Alle vegetarischen und veganen Rezepte in diesem Kochbuch sind hier grün gekennzeichnet.

Bildnachweis

Cover-Illustrationen: iStock/RLT_ Images; ki36 (Fisch und Hähnchenschenkel)
Rezeptfotos und Foto S. 2/3: StockFood Studios/Meike Bergmann
Freigestellte Motive: auen60: Knoblauch (S. 25, 33, 41, 47, 55, 69, 77, 97, 105, 133), Kreuzkümmelsamen (S. 9, 105, 133), Zimtstangen (S. 97); Barbara Bonisolli: Trauben (S. 105), Rindergulasch (S. 5, 96, 97); Becca Crawford: Granatapfel (S. 105); Erik Dreyer: Autorenfoto (S. 6); Eising Studio/Martina Görlach: Tomate (S. 125); Julia Hoersch: Aceto balsamico (S. 9, 105), Sesamsamen (S. 25, 85, 133, 141, 149); Silvio Knezevic: Chilipaste (S. 25, 85); Gabriele Kunkel: Tomatenpassata (S. 33); Coco Lang: Orange (S. 77, 91); Mathias Neubauer: Ketchup (S. 125); Anke Schütz: Erdnusskerne (S. 25); Harry Bischof: Zitronengras (S. 97); Teubner Foodfoto: Beberitzen (S. 17), Fünf-Gewürz-Pulver (S. 69), Kapern (S. 33, 55), Klebreis (S. 141), Mango (S. 5, 140, 141), Joghurt (S. 85), Ricotta (S. 33), rote Currypaste (S. 105), Sardellenfilets (S. 69), Thai-Basilikum (S. 85); Nicky Walsh: Kokosmilch (S. 105, 133, 141), Limette (S. 91, 105, 141), Minze (S. 85, 105), Pinienkerne (S. 25, 33, 105, 119, 149), Rotwein (S. 97), Spinat (S. 4, 24, 25, 61); Katrin Winner: Quittengelee (S. 9); Image Professionals: Harry Bischof: Butter (S. 105), Currypulver (S. 69, 133, 141); Maria Brinkop: Kürbis (S. 4, 76, 77); Klaus-Maria Einwanger: Basilikum (S. 33, 119), Frühlingszwiebeln (S. 25, 85), Koriandergrün (S. 33, 47, 85, 133, 141), Koriandersamen (S. 9, 77), Muskatnuss (S. 25, 55), Tomatenmark (S. 77, 97), Walnusskerne (S. 85); Eising Studio: Dill (S. 41, 91, 149), Gurke (S. 5, 84, 85, 105), Hähnchenschenkel (S. 4, 8, 9), Petersilie (S. 47, 91, 133), Rucola (S. 61, 133); Feig & Feig: Kidneybohnen (S. 125); Fotos mit Geschmack: Schafskäse (S. 133); John Gagne: Rosmarin (S. 17, 41, 47, 55, 77, 97); Grossmann/Schuerle: Aprikosen (S. 77), getrocknete Chilischoten (S. 17, 33) , Datteln (S. 69), Olivenöl (S. 33, 47, 119), Senf (S. 61, 91, 149), Weißweinessig (S. 9); Julia Hoersch: Parmesan (S. 41, 55, 61, 69, 119, 149); Matthias Hoffmann: eingelegte grüne Oliven (S. 17, 33, 55); Ulrike Holsten: Ingwerwurzel (S. 9, 69, 133, 149), Kurkuma (S. 17); Image Professionals/ Foodcollection: Kürbiskerne, Salbeiblätter (S. 17), Staudensellerie (S. 61, 125); Image Professionals/Foodfolio: Thymianzweige (S. 47); Juni: Kokosraspel (S. 105); Oded Klein: Maiskörner (S. 125); Silvio Knezevic: Meerrettichwurzel (S. 41); Kramp + Gölling: Kardamomkapseln (S. 97), gemahlener Zimt (S. 77, 105, 119, 125); Coco Lang: Brokkoli (S. 4, 68, 69), Cheddar (S. 125), Kartoffel (S. 4, 47, 54, 55), Mozzarella (S. 141), Zitrone (S. 17, 47, 55, 91, 97, 119, 149); Nicolas Leser: Lachsfilet (S. 5, 90, 91), Pfeffer (S. 9, 41, 61, 77, 97, 119), Salz (S. 9, 17, 41, 47, 55, 61, 69, 77, 105, 119); Jana Liebenstein: Rosinen (S. 25, 33, 47); Megan Martin: Aubergine (S. 4, 32, 33); Mathias Neubauer: Lachsforelle (S. 4, 46, 47); Karl Newedel: grüne Bohnen (S. 5, 148, 149); Peter Rees: Linsen (S. 4, 8, 9); Jean-Christophe Riou: Hackfleisch (S. 5, 124, 125); Christel Rosenfeld: Brezel (S. 4, 60, 61); Jörn Rynio: Milch (S. 55, 105), Quinoa (S. 25), Schnittlauch (S. 9); Science Photo Library: Möhren (S. 5, 104, 105, 125), Kirschtomaten (S. 55, 61); Wolfgang Schardt: Fenchelsamen (S. 9, 47), Harissa (S. 77), Honig (S. 61, 91, 105), Misopaste (S. 25), Paprikapulver (S. 61, 97), Ras-el-Hanout (S. 77), Safranfäden (S. 17), Vanilleschoten (S. 105); Anke Schütz: Chiliflocken (S. 69, 85, 149); Shabnam Shameli: Mandelkerne (S. 5, 104, 105, 119); Stephanie Syfus Fotografie: rote Zwiebel (S. 85, 149); Malgorzata Stepien: rote Bete (S.4, 40, 41); Thorsten Suedfels: Gewürzgurken (S. 41, 125); Christian Teubner: Apfel (S. 41), Zucchino (S. 5, 118, 119), Zwiebel (S. 9, 97); VisionsPictures: Paprika (S. 125); Nicky Walsh: Chilischote (S. 17); Alexander Walter: Kürbiskernöl (S. 149); Bernhard Winkelmann: Kichererbsen (S. 5, 132, 133, 141); Katrin Winner: Fischsauce (S. 69), Sojasauce (S. 69, 91, 149); Melanie Zanin: Sonnenblumenkerne (S. 9); Tanja Zouev: Ei (S. 61, 105)

APPETIT AUF MEHR?

ISBN 978-3-8338-7304-1

ISBN 978-3-8338-7691-2

ISBN 978-3-8338-7082-8

ISBN 978-3-8338-6620-3

ISBN 978-3-8338-7950-0

ISBN 978-3-8338-6623-4

Alle hier vorgestellten Bücher sind auch als eBook erhältlich.

G|U

Mehr von GU auf **www.gu.de** und **facebook.com/gu.verlag**

LIEBE LESERINNEN UND LESER,

wir wollen Ihnen mit diesem Buch Informationen und Anregungen geben, um Ihnen das Leben zu erleichtern oder Sie zu inspirieren, Neues auszuprobieren. Wir achten bei der Erstellung unserer Bücher auf Aktualität und stellen höchste Ansprüche an Inhalt und Gestaltung. Alle Anleitungen und Rezepte werden von unseren Autoren, jeweils Experten auf ihren Gebieten, gewissenhaft erstellt und von unseren Redakteur*innen mit größter Sorgfalt ausgewählt und geprüft.

Haben wir Ihre Erwartungen erfüllt? Sind Sie mit diesem Buch und seinen Inhalten zufrieden? Wir freuen uns auf Ihre Rückmeldung. Und wir freuen uns, wenn Sie diesen Titel weiterempfehlen, in Ihrem Freundeskreis oder bei Ihrem Online-Kauf.

Sollten wir Ihre Erwartungen so gar nicht erfüllt haben, tauschen wir Ihnen Ihr Buch jederzeit gegen ein gleichwertiges zum gleichen oder ähnlichen Thema um.

KONTAKT ZUM LESERSERVICE

GRÄFE UND UNZER VERLAG
Grillparzerstraße 12
81675 München
www.gu.de

Impressum

GU ist eine eingetragene Marke der GRÄFE UND UNZER VERLAG GmbH, www.gu.de
ISBN 978-3-8338-9325-4
1. Auflage 2024

Projektleitung: Alessandra Redies
Lektorat: Julia Genazino, Alessandra Redies
Bildredaktion: Alessandra Redies
Umschlaggestaltung: ki36 Editorial Design, Sabine Krohberger, München
Innenlayout: Simone Haberland
Herstellung: Susanne Fuhrmann
Satz: Christopher Hammond
Repro: Longo AG, Bozen
Druck & Bindung: aprinta GmbH, Wemding

Der Autor
Clemens Dreyer lebt mit seiner Familie in München, wo er in seiner Küche am liebsten ohne Schürze mit klassischen und neuen Geschmackskombinationen experimentiert. Wenn er nicht gerade an kulinarischen Kreationen arbeitet, entwickelt er Kommunikationsstrategien für Kunden mit Fokus auf Nachhaltigkeit und 360°-Fotografie.

Danke!
Ein herzlicher Dank gebührt meinen Freunden und den Köchinnen und Köchen, die mich mit ihren Gerichten und Ideen inspiriert und dieses Buch zu einer wahren Schatzkiste kulinarischer Vielfalt gemacht haben. Und natürlich Simone, die dieses außergewöhnliche Projekt von Anfang an begleitet und gestaltet hat.

Umwelthinweis:
Nachhaltigkeit ist uns sehr wichtig. Der Rohstoff Papier ist in der Buchproduktion hierfür von entscheidender Bedeutung. Daher ist dieses Buch auf PEFC-zertifiziertem Papier gedruckt. PEFC garantiert, dass ökologische, soziale und ökonomische Aspekte in der Verarbeitungskette unabhängig überwacht werden und lückenlos nachvollziehbar sind.
Die GU-Homepage finden Sie unter www.gu.de
Bildagentur Image Professionals GmbH, Tumblingerstr. 32, 80337 München
www.imageprofessionals.com

Backofen-Hinweis:
Die Backzeiten können je nach Herd variieren. Unsere Temperaturangaben beziehen sich auf das Backen im Elektroherd mit Ober- und Unterhitze.

GRÄFE UND UNZER
Ein Unternehmen der
GANSKE VERLAGSGRUPPE